中国共产党军事工作重要文献选编

第二卷

中共中央党史和文献研究院
中国人民解放军军事科学院 编

中央文献出版社
解放军出版社

出 版 说 明

强国必须强军，军强才能国安。中国共产党已走过百年奋斗历程，在革命、建设、改革各个历史时期坚持把马克思主义基本原理同中国革命战争和人民军队建设实践相结合，创建和培育了人民军队，创造了具有中国特色的马克思主义军事理论成果。人民军队在党的旗帜下前进，形成了一整套建军治军原则，发展了人民战争的战略战术，培育了特有的光荣传统和优良作风，为党和人民建立了不朽功勋，成为保卫红色江山、维护民族尊严的坚强柱石，成为维护地区和世界和平的强大力量。

为全面回顾和总结百年来党的军事工作的光辉历程和伟大成就，系统反映党的军事指导理论的丰富发展，特别是党的十八大以来推进强军事业的理论和实践创新，经中共中央批准，我们编辑了《中国共产党军事工作重要文献选编》。深入学习这些重要文献，对于帮助广大干部群众和官兵深刻认识坚持党对人民军队绝对领导的极端重要性，加快国防和军队现代化、如期实现建军一百年奋斗目标、把人民军队建成世界一流军队，全面建设社会主义现代化国家、全面推进中华民族伟大复兴，具有重要意义。

　　这部重要文献集收入中国共产党自一九二一年七月成立至二〇二二年十月二十大召开期间关于军事工作的重要文献共一百一十九篇。其中，毛泽东、邓小平、江泽民、胡锦涛、习近平同志的文稿九十八篇；中国共产党重要会议的文件，中共中央、全国人大、国务院、中央军委的决议、决定、建议、意见、指示、命令、通知和颁布发表的法律、条例、白皮书等二十一篇。部分文献是第一次公开发表。文献集分为三卷：第一卷收入新民主主义革命时期、社会主义革命和建设时期的文献，第二卷收入改革开放和社会主义现代化建设新时期的文献，第三卷收入中国特色社会主义新时代的文献。

中共中央党史和文献研究院

中国人民解放军军事科学院

二〇二三年七月

目　　录

改革开放和社会主义现代化建设新时期

精简军队，提高战斗力[*]

（一九八〇年三月十二日）

邓 小 平

军队的问题，最近我和一些同志谈过，主要有四个问题：第一是"消肿"，第二是改革体制，第三是训练，第四是加强政治思想工作。

第一，讲"消肿"。

这次会议主要是研究军队"消肿"这个老问题。我们军队有没有战斗力？一旦有事行不行？我讲的不是像对越自卫还击战这样的事，这样的事好应付。如果从我们面临的更强大的对手来说，衡量一下我们的战斗力，可靠性怎么样？当然，我们还有很多不利的因素，比如有好多干部没有打过仗，缺乏指挥作战的经验，装备又比较落后，等等。但是经过对越作战可以看出，勇敢这两个字我们还是有的。军队勇敢，这很好。仗打起来，开始可能吃些亏，经过一段时间情况就会变化，有勇敢这一条，我们就能学会打仗。这一点我们是有信心的。

---

* 这是邓小平同志在中共中央军委常委扩大会议上的讲话。

然而我们必须清醒地看到，我们存在的一个最大问题，就是军队很臃肿。真正打起仗来，不要说指挥作战，就是疏散也不容易。现在提出"消肿"，主要是要解决军队机构重叠、臃肿，以及由此带来的各级指挥不灵等问题。这件事在一九七五年我们就提出过，做了一些工作，也见效，后来由于遇到曲折，停了下来。经过这几年，军队的各级机构又加大了，随之官僚主义现象也发展了起来。现在解决问题很难，好多问题一拖就是好长时间。因此，军队要提高战斗力，提高工作效率，不"消肿"不行。还有，我们国家现在支付的军费相当大，这不利于国家建设；军队人员过多，也妨碍军队装备的现代化。减少军队人员，把省下来的钱用于更新装备，这是我们的方针。如果能够节省出一点用到经济建设上就更好了。冷静地判断国际形势，多争取一点时间不打仗还是可能的。在这段时间里，我们应当尽可能地减少军费开支来加强国家建设。总之，搞四个现代化也好，把军队搞精干、提高战斗力也好，都需要"消肿"。

我们这次精简，主要是减少不必要的非战斗人员，减少统率机构、指挥机构人员。最主要的是减少干部。这次的措施比一九七五年更进了一步。比如，各级指挥员人数，过去保留得多一点，这次要力求少一点。很多同志提议，一个团两个副团长、一个副政委就可以了，这个意见好。师也可以这样做嘛！现在领导班子实在太大。这个问题如果不果断处理，再过几年，不晓得问题会变成什么样子！请大家对比一下一九七五年和一九七九年的情况。一九七五年时，军队要包起来的干部已经相当多了，现在，相隔四年之后，要养起来、要退休的人就更多了。如果我们现在还不下决心解决，再过几年，问题会更多、更大，处理起来会更困难。所以不下这个决心不行了。特别还要看到这样一个情况：军区一级、军一级、师一级干部，年龄大体差不多，都相当大了。过几年，统统老了，不但不能到军、师工作，到军区、总部工作也不好办。这是自然规律。在座的同志再过五年怎么样？恐怕到那时不说所有的人，就说大部分人，要坚持工作也困难了。再过七年八年，都七十岁出头了，你还能在战场上见分晓啊？真正打起仗来，三天三夜不睡觉行不行啊？所以，现在的"消肿"也有利于我们干部的更新。我们下面的干部之所以上不来，就是因为上面盖住了。这不只是军队，地方也一样。今天，主要的岗位还只能由老同志来搞，再过几年总不行了嘛！所以，这次精简要把盖子揭一层，包括团级的、营级的、连级的都要揭，为提拔新生力量创造一个条件。

对减下来的干部，我建议组织各种训练班进行训练。训练什么呢？就是准备到哪个行业就专门学习哪一行的业务。地方上没有房子，可以利用军队的营房，教员请地方出。这些干部往哪里安置，可以同国务院有关各部门商量。地方上也有可以容纳的行业。比如，与军队干部的特长比较接近的政法工作，就需要大批干部。

现在，警察不够，警官更不够，法院院长、法官、律师、检察官、审判员都缺乏。一般资本主义国家考法官、考警察，条件很严格，我们更应该严格，除了必须通晓各项法律、政策、条例、程序、案例和有关的社会知识以外，特别要求大公无私、作风正派。按道理，军队的干部应该比较合格。这方面军队可输送一大批干部。又比如，我们现在缺乏教员，可以安排一批军队转业干部去教书。当然，转业干部中能当大学教员的，即使有也是极个别的。但是，能当中学、小学教员的还有的是。要说服这些同志去当教员。大家提到，大专学校设军体教员，这方面名额有限。全国大专学校只有几百所，每所学校假定平均用十个人，顶多能容纳几千人、万把人。但对中小学教员的需要是大量的。如果我们培训一批合格的教员，地方上可以容纳。还有，各行各业缺乏管理人员，只要经过训练，条件相宜，也可以安排一批。军队干部指挥部队，也是管理，总有管理知识嘛。为什么世界各国的各行各业都愿意接纳军队的人呢？因为军队人员的科学知识和文化水平比较高，还有管理方面的知识。我们军队转业干部中会管企业的人不多，但是总有管理军队的经验嘛！问题就是需要培训，转到哪一行就学哪一行。训练时间，有的半年，有的一年，有的一年半。经过训练，再转到地方，地方就比较容易安置。过去从军队转业到地方，无非去当政治部主任，搞政治工作或一般工作。现在这些人不缺，还有多余的。所以，要根据地方需要，按专业办训练班、速成学校等培训干部，解决"消肿"后的干部安排问题。

第二，讲改革体制。

体制问题，实际上同"消肿"是一个问题的两方面。要"消肿"，不改革体制不行。现在我们的体制有很多问题。比如，总参谋部、总政治部、总后勤部三大总部为什么机构这样大？过去，每提出一个新的任务都要增加机构，增加人员，从来没有说减少人员。大家对公文旅行、解决问题慢，意见很多，这些也都和体制问题有关。

体制、制度问题中，很重要的是建立军官服役、退役制度。五十年代搞了个军官服役条例，一直没有行通，后来放下了。其实那个条例基本上是个好设想、好办法。如果那个东西执行了，就不会有现在的困难。这次会议后，就要着手研究这个问题。要有退休制度。不仅军队要有，地方也要有，国务院也要办这件事。军队干部的退休年龄要比地方干部小一些，因为军队要打仗。当然规定要切实可行。国家不建立退休制度会影响到整个国家的生气，军队不建立退休制度，也就不能保持自己的生气。有了退休制度，人人都知道自己到哪年该怎么样，这就比较好办。否则一个人一个人地处理问题，处理不下去。军队老同志退休，办法是军队把房子盖好，再转给地方。现在只能这样做，因为地方一下子接管还很难。还有，军队有些方面的工作人员可以改成文职人员、雇佣人员，不穿军服。军事院校的好多教员，也可以用文职人员，不一定用军人。教数理化的为什么一定要军人呢？该当教授就当教授，该当讲师就当讲师。军队医院也可以实行医务人员的制度，定技术职称，搞那么多行政职务干什么？这些问题都要制度化。制度化以后，编制就不会臃肿，该用一个人就是一个人，该用几个人就是几个人。总之，这一套制度要建立起来，要好好地找些人来专门研究。

这次精简，有了一个编制方案。但是还要进一步研究我们的编制、体制。有些同志提了一些很好的意见，很值得我们思考。比如，有的同志提出，根据各战区特点，根据军队装备不断改进的情况，搞些合成军、合成师。这样便于平时合成训练，便于指挥员熟悉特种兵的指挥，就能把平时训练和战时使用结合起来，免得临时配属不习惯。这些问题都要当作制度问题、体制问题提出来，作进一步的研究。研究时可能还要接触到别的体制问题。

第三，讲训练。

一九七五年我们就提出要把训练提高到战略地位，因为不打仗，部队军事素质的提高就得靠训练。这一段时间做了许多工作，但是这个问题还是没有解决好，现在重新提出来，并作为一个制度问题加以解决。

现在打仗，我们的军官没有现代化战争的知识不行。当个连长，不是过去的连长，当个团长，不是过去的团长，要有知识，天上、地下，陆上、水下，包括通信联络都要懂得。要从制度上考虑，从排长起，各级军官都必须经过军官学校的训练。排连干部要初级步兵学校毕业。毕业后，一般的当排长，好的当连长。营团干部要进过中级军官学校。从排长、连长里选好的来学，经过一定时间学习才去当营长、团长。军和师的领导干部也要进过高级军官学校的才能当。这个要制度化。我们现在有条件这样做。过去是在战争中训练，从战争中学习，而且那个学习是最过硬的。但是现在，即使有战争，不经过学校学习也不行，因为装备不同了，指挥现代化战争需要多方面的知识。如果连地图都不认识，那怎么行啊！现在还不是会不会识图的问题，那个还容易解决。现代化战争非常复杂，连通信联络都不容易。一个连作战，配属你几辆坦克、几门火炮，你怎么指挥？你连长没有这个知识是不行的呀！所以非学习不行。军官的晋升也要制度化。每个阶段的晋升都必须经过学习，掌握现代化战争的知识。特种兵也应该如此。徐向前同志每次都讲要多办学校，这个意见很好、很对。宁肯少几个兵，少几个机关人员，也要把学校办好，让多一点人进学校。

平时部队的训练，大家也还是在抓，确实也需要抓紧。但是不能总是停留在练射击、刺杀、投手榴弹的水平上，现在单练这些就不够了。怎样对付坦克、飞机等等，每个战士都得学会。怎样把天上地下协同起来，我们也要学会。刚才我说要编组合成军，就是要逐步地把部队合成起来，通过平时训练，使大家熟悉这方面的知识，学会这方面的本领。

最后，讲一讲加强政治思想工作。

同志们在发言中也接触到了这个问题。有人反映现在兵难带，特别是城市兵难带。城市里有的把一些不大守规矩的青年往军队里塞，这个问题以后征兵的时候要注意。但是，不管怎么样，军队里的政治思想工作需要加强。现在这方面的工作有相当的削弱，政治工作人员不懂得做政治思想工作。其实军队的政治思想工作，军队所有的军事人员、政治人员都要做。今天上午我看了清华大学一个报告。清华大学提出一个很重要的问题，就是学生从到学校第一天起，就要对他们进行政治思想工作。学校的党团组织和所有的教员都要做学生的政治思想工作。他们这样做很见效，现在学校风气很好。清华大学的经验，应当引起全国注意。又红又专，那个红是绝对不能丢的。一个学校都如此，我们军队就更应当加强政治思想工作。要从战士入伍第一天起就注意这个问题。

我们的战略方针是积极防御[*]

（一九八〇年十月十五日）

邓 小 平

这次会议讨论的问题很重要。一旦有事，还是我们的老话，立足于自己。立足于自己就要有信心。人家是优势装备，我们是劣势装备，新式一点的好一点的装备，不可能搞得那么快，也没有那么多钱来搞。所以，要是打仗还只能立足于我们现有的武器装备，立足于比现有武器装备好一点这个基础上。武器装备，比现在稍好一点是可能的，好得太多一下办不到，没有钱。对这一点，大家心中要有数。买先进的作战飞机，你能买几架？买几架就买穷了。我们有劣势装备对付现代化装备的传统，要相信有这个本领。

我们未来的反侵略战争，究竟采取什么方针？我赞成就是"积极防御"四个字。积极防御本身就不只是一个防御，防御中有进攻。既然是积极防御，本身就包括

---

[*] 这是邓小平同志在中国人民解放军总参谋部举办的防卫作战研究班全体会议上讲话的一部分。

持久作战。战争肯定是持久的，一定要搞持久战，中国有这个条件。中国的特点是不信邪，这次对越自卫还击作战就表示了我们不信邪，老虎屁股可以摸一下。当时世界上一片怕声，怕得要命，但我们表示不怕。我们中国有几个特点，一个不信邪，一个我们有持久战的传统。从一九二七年算起，从井冈山算起嘛，当然不只是井冈山了，到解放战争结束是二十二年，加抗美援朝战争是二十五年。就拿抗日战争本身说也是八年，如果抗日战争加解放战争是十一年多。所以我们有持久战的传统。还有劣势装备战胜优势装备的传统。过去我们什么时候是以相等的装备战胜敌人？都是很劣势很劣势的装备战胜现代化装备。现代化装备不是没有缺点的，两只脚当然跑不过摩托车，跑不过坦克，但是两只脚方便得很，只要有点小米就行了，坦克、飞机也要"粮食"，一旦卡断了，就不行了。淮海战役时，黄维兵团是机械化装备，坦克也不少哇，最后断了补给，坦克当作工事，周围一圈都是坦克，根本不顶用。这个很多同志都是知道的。所以我们有劣势装备战胜强大装备的传统。这一点要强调。这是我们人民军队有信心、增强信心的根据。我们总是要立足以弱胜强，以劣势装备战胜现代化装备，以持久战消耗敌人。所以战略方针是积极防御。

　　有的同志提出要研究我们军队的组成问题。究竟将来战争打起来，军队组织以什么形式便利？基本上是我们现在这样，还是有些还要改的？比如有的同志提出，过去我们也设想过，把一个军组成一个合成军，有炮，有坦克，有导弹，炮包括防空的，实际上就是一个集团军。战时这就是预备队，使用于突击方向。这样的意见是值得考虑的。今天我不是作结论，是提出来研究这个问题。比如说，在有的地区，首先搞一两个合成军。现在普遍搞不可能，没有这个条件。但是，有一两个集团军作基础，就可以进行合成军的训练，免得战时临时组成，指挥员都不会指挥。练兵也可以接触坦克，接触对空武器，接触导弹，这样就有了现代化作战的知识，我们军队的素质就可以提高。像这样的问题，军队的组成问题，或者部分组成问题，要提到我们日程上研究。我想，同志们提出这些意见对我们有启发。平时的组成要同战时结合，比如说，根据我们这次讨论，制订出动员的方案。现在我们军队缩减了，但还是多了，平时很不合算，不需要这么多。如果把动员方案制订好，战时指定哪些地方补充，那时打仗的人不一定是二十几岁的小伙子，三十几岁也可以嘛，这就可以减少平时军队兵员数量。世界各国军队用到人头上的钱并不多，主要是用在装备上。我们有一个很不好的情况，主要是人头上花钱多。我们指挥机构的人太多，战斗部队并不多。干部多了，机关太大了，打仗是不行的。这是我们军队的一种病态，很不好，人越多越不好办事。过去我们都打过仗嘛，那时指挥机构多大？有几个人？还不是一样指挥嘛！非常便利。现在不得了。精简方案，第一步定下来，以后还可以再减少一些，真正把钱用来搞装备。精简下来的干部要安排好，这是一件困难的事，但必须做。

再一件事，就是抓训练。这件事可不能放松。训练可是要注意合成训练，抓合成军作战训练。当然，合成军是这样，其他的也应给它这个条件，给它坦克，给它炮，给它其他装备，进行训练。不但学校注意训练，部队也要注意实战训练。政治工作要保证加强胜利信心，就是劣势装备战胜先进装备，持久战，要注意这一方面的教育，这也是个训练问题。

建设强大的现代化正规化的革命军队*

（一九八一年九月十九日）

邓 小 平

演习部队的全体指战员同志们：

你们胜利地完成了这次演习任务。我代表党中央、国务院、中央军委向同志们致以热烈的祝贺和亲切的慰问！

这次演习，检验了部队现代化、正规化建设的成果，较好地体现了现代战争的特点，摸索了现代条件下诸军兵种协同作战的经验，提高了部队军政素质和实战水平。这对全军的建设、战备和训练是一个有力的推动。演习达到了预期目的，是成功的。这充分表明，我们党缔造的、用毛泽东思想武装起来的人民军队，军政素质是好的，是有优良的战斗作风和严格的组织纪律

---

* 这是邓小平同志在华北某地检阅军事演习部队时的讲话。在一九八一年六月召开的中共十一届六中全会上，邓小平同志当选为中共中央军事委员会主席。

的，是有战斗力的。我们完全相信，有这样一支好的军队，又有广大人民群众的支持，一定能够打败任何侵略者。

当前，我国正处在继往开来的重要历史时期。由于党的正确路线、方针、政策得到了有力贯彻，全党、全军和全国各族人民在政治上更加安定团结，各条战线出现了越来越好的形势。国际上，反霸斗争更加发展，霸权主义更加孤立。但必须看到，超级大国的争夺日益加剧，苏联霸权主义加速推进全球战略部署，严重地威胁着世界的和平和我国的安全。对此，我们必须保持高度的警惕。

我军是人民民主专政的坚强柱石，肩负着保卫社会主义祖国、保卫四化建设的光荣使命。因此，必须把我军建设成为一支强大的现代化、正规化的革命军队。

我们一定要坚持四项基本原则，加强政治思想建设，努力使部队成为贯彻执行党的路线、方针、政策的模范。

我们一定要在国民经济不断发展的基础上，改善武器装备，加速国防现代化。

我们一定要进一步密切军政、军民关系，增强军队内部团结，加强民兵建设，继承和发扬人民军队的光荣传统。

我们一定要加强军政训练，进一步增强部队的军政素质，努力提高现代条件下诸军兵种协同作战的能力。

我们一定要谦虚谨慎，戒骄戒躁，进一步开展"四有、三讲、两不怕"活动，加强作风培养，使部队具有严格的组织纪律。

我们一定要扎扎实实做好反侵略战争的准备，为保卫世界和平，为保卫祖国领土的安全，为争取台湾早日回归祖国，实现祖国统一的神圣大业作出新的贡献。

在军委座谈会上的讲话

（一九八二年七月四日）

邓　小　平

　　军队的问题，这次会上谈得不错。这些问题的处理，我都赞成。虽然有些问题处理得并不是完全令人满意的，但是现在也只能这样。

　　体制改革的问题，杨尚昆同志已经讲了，我不想多讲了。只讲一点，就是体制改革要提到怎样一个高度来看。最近我有两次讲话，讲了对坚持社会主义制度、搞好现代化建设的四个保证。第一是体制改革，目前进行机构改革。第二是搞社会主义精神文明，主要是使我们的各族人民都成为有理想、讲道德、有文化、守纪律的人民。当然还有"五讲四美"，军队叫"四有、三讲、两不怕"。精神都一样，都是对的。军队有军队的特点。我跟理论界同志谈了为什么要强调守纪律。他们赞成提这个要求。没有纪律可不行啦。同心同德，一心一意，没有纪律不行。我们过去革命，就是靠纪律，而且是自觉的纪律。中国共产党成立后，最好的风气就是这个。第三是坚决打击经济领域的犯罪活动，或者叫打击经济犯罪分子。第四是党的建设，党的组织和作风的整顿。所谓四个保证，就是指这四件事情。只要四个现代化没有完成，每走一步，这四个保证都是伴随着的。比如为什么要提打击经济犯罪活动？因为进行社会主义现代化建设必须实行对外开放、对内搞活经济的政策。对外开放，资本主义那一套腐朽的东西就会钻进来的；对内搞活经济，活到什么程度，也是有问题的。我们必须坚持对外开放、对内搞活经济这一手。但是为了保证这个政策在贯彻执行过程中能够真正有利于四化建设，能够不脱离社会主义方向，就必须同时还有另外一手，这就是打击经济犯罪活动。没有这一手，就没有制约。现在我们看到的问题就已经不少，经济犯罪很严重，好多案子又处理不下去。不仅在经济领域，而且在政治、文化领域，都有严重的犯罪活动和犯罪分子。总之，四个保证这四件事情都不能一次搞完，要长期搞下去。我们不搞运动，但是，随着四个现代化建设的进程，就要坚持四个保证，一天也不要丢掉，要把它变成一种经常性的工作和斗争。这四件事情当中反映出来的一些问题不都是阶级斗争，但有阶级斗争。

机构改革，我们走了第一步，开了个头。党政先行了一点，军队后了一点。总的来说，搞得比较顺利。军队经过这个会议，在座的同志思想认识一致了，大家都同意了，这就好办了。现在看，可能第一步目标的完成，军队还会快一些。因为军队的特点是，一行动起来就快。当前，所有党政军机构改革，都叫做第一步。按照体制改革的要求，包括要有完善的规章制度、工作方法、领导方法，那就不是一次能够完成的。要建立很多规章制度。比如讲责任制，什么责任，归哪个部，归哪个人承担，都要明确。国务院合并这么多部，如果照老的方法可不行啦！副总理减到两个，这就要随着机构改革，加强部委的工作，加强部委处理问题的责任和能力，部里要加强司局的责任和工作能力。相应地，也要加强厂矿企业、一些公司的责任。不改革，不行。

军队也有这个问题。将来军委和各个总部，不简化看来不行。怎么简化，现在还不成熟。军队目前的体制、领导方法、制度，不是那么好的，很繁琐。军委、常委、办公会议，然后几个总部。真正来说，就是加强总参谋部、总政治部、总后勤部三总部的工作责任，上面有一个小的协调机构就行了。领导太繁杂，不但下边不好办，就是我们处理问题画圈圈都难，都是些麻烦事情。过去打仗的时候，负领导责任的，一个野战军几个人，一个兵团几个人，一个军几个人，一个师几个人，有的师还是师长兼政委，有个把副政委，搞得蛮好。一野、三野的司令员和政委都是一个人，彭老总、陈老总，其他野战军都是两个，方便得很嘛！现在是一大堆人。机构改革，算第一步，以后还要继续做的。成熟一件做一件，不成熟宁肯慢一点。这次机构改革，军队是后了一步，但也有必要，酝酿得更成熟些，大家思想更一致，更容易解决问题。

尚昆同志讲了军队体制改革的四点内容。我今天着重讲两点。一是提高工作效率。军队就是提高战斗力，也有提高工作效率的问题。另外一点，体制改革有一个很重要的内容，就是有利于选拔人才。过去那样臃肿，根本无法培养人才、选拔人才。干部年轻化，军队提了多年，要求选拔比较优秀的、年轻的，台阶可以上快一点。但应该说这件事情这几年做得不理想。这个问题如果不解决，我们这些人就交不了账。我看在座的，没有六十岁以下的人了吧？这个问题推一年，欠的债就更多。如果拖五年，怎么办？干部年轻化，要当作体制改革的一个中心目标，军队、地方一样，党政军一样。选拔一些政治上好又比较年轻的干部，把他们一步步地提升上来。发现人才，可不容易呀。我们一般老同志，脑筋里的框子还是局限在我们同等年龄的人，一谈干部问题，都还是这个圈圈里的。拿我们军队来说，"三八式"上来都不容易。军队确实有一个传统的习惯，还有"老上司"这些问题在里面。一大堆老红军压在上面，其中包括我在内。这个问题不解决不行。聂荣臻同志提出步子要稳当，我赞成。他有一个好意见，就是要结合，老的一下丢手不行。老的要结合中、青。从全军来说，现在团以下干部还比较年轻，师以上就不年轻了。这次办公会议准备了一个《军官服役条例》，发给大家征求意见，大家要好好研究一下。这个必须搞，不搞不行。

　　人才是有的，问题是我们平常同下边接触太少，还有些习惯的想法，所以不容易发现。前年，我同陈丕显同志到第二汽车制造厂，有个副厂长陪着我们参观，我发现这个人不错。我说他不错指什么？一个那么大的汽车厂，他是技术骨干，工作胜任，这是讲能力。他的年龄那个时候是三十八岁，现在四十岁。更重要的一点，他是"文化大革命"中受打击的，他是反对打砸抢的，以后一直是表现好的，包括对待所谓"反右倾翻案风"这些问题在内。这样的人才特别可喜。这样的人有的是，而且容易鉴别。选拔人，第一个是政治条件。我们军队有这个问题。尚昆同志讲了，有的团的干部、有的营连干部，那种思想状态、政治观点是不好的，应该看得清楚。相应地，好的也应该鉴别出来。我曾经建议，军委、各总部领导同志，现在还请各路"诸侯"，每一位选十个人，搞出一个名单。光在座的六十几个人，就可以提出近千把人的名单。政治条件的标准，必须不是跟随林彪、江青一伙造反起家的人、帮派思想严重的人和打砸抢分子那"三种人"。应该说，"文化大革命"中的"逍遥派"大多数还是比较好的。这些人应该好好地培养。一步一步，一个台阶一个台阶，走快一点。

　　总之，体制改革，除了反对官僚主义，克服机构臃肿、人浮于事、工作效率低这些毛病外，重要的是选拔人才。要使好的比较年轻的干部早点上来，好接班。这件事要放在我们经常的日程中间。我们讲了几年了。大家一致认为是一件大事，但是做起来很不容易。不解决选拔人才的问题，我们交不了班，历史会给我们写下一笔。我们有好多事情就是做得比较晚，现在耽误不得。关于体制改革问题，我就讲这点意见。

保持香港的繁荣和稳定[*]

（一九八四年十月三日）

邓　小　平

　　你们这么多人回来观礼，我非常高兴，我看香港一定有希望。这次回来观礼的，各行各业各界人士都有，各种不同政治观点的人也都来了。这说明大家都赞成中国恢复对香港行使主权，赞成中英两国政府所达成的协议的内容。这就是说，我们有了一个共同的大前提，一个共同的目标，就是爱祖国，爱香港，在今后十三年和十三年以后保持香港的繁荣和稳定。大家共同努力，这个目标肯定可以实现。一九九七年以后，在座的六七十岁的人，那时精力就差些了，但在座的有很多年轻人，年轻人有优势。就我个人来说，我愿意活到一九九七年，亲眼看到中国对香港恢复行使主权。

　　现在有些人就是担心我们这些人不在了，政策会变。感谢大家对我们这些老头子的信任。今天我要告诉大家，我们的政策不会变，谁也变不了。因为这些政策

---

　　* 这是邓小平同志会见港澳同胞国庆观礼团时谈话的主要部分。

见效、对头，人民都拥护。既然是人民拥护，谁要变人民就会反对。联合声明确定的内容肯定是不会变的。我们中央政府、中共中央即使在过去的动乱年代，在国际上说话也是算数的。讲信义是我们民族的传统，不是我们这一代才有的。这也体现出我们古老大国的风度，泱泱大国嘛。作为一个大国有自己的尊严，有自己遵循的准则。我们在协议中说五十年不变，就是五十年不变。我们这一代不会变，下一代也不会变。到了五十年以后，大陆发展起来了，那时还会小里小气地处理这些问题吗？所以不要担心变，变不了。再说变也并不都是坏事，有的变是好事，问题是变什么。中国收回香港不就是一种变吗？所以不要笼统地说怕变。如果有什么要变，一定是变得更好，更有利于香港的繁荣和发展，而不会损害香港人的利益。这种变是值得大家欢迎的。如果有人说什么都不变，你们不要相信。我们总不能讲香港资本主义制度下的所有方式都是完美无缺的吧？即使资本主义发达国家之间相互比较起来也各有优缺点。把香港引导到更健康的方面，不也是变吗？向这样的方面发展变化，香港人是会欢迎的，香港人自己会要求变，这是确定无疑的。我们也在变。最大的不变是社会主义制度不变，而"一国两制"就是大变，农村政策就是大变。过几天我们要开中央全会，讨论城市改革，城市改革也是变，是翻天覆地的变化。问题是变好还是变坏。不要拒绝变，拒绝变化就不能进步。这是个思想方法问题。

再一个是有些人担心干预。不能笼统地担心干预，有些干预是必要的。要看这些干预是有利于香港人的利益，有利于香港的繁荣和稳定，还是损害香港人的利益，损害香港的繁荣和稳定。现在看起来，香港从现在到一九九七年会有秩序地度过十三年，十三年之后，会有秩序地度过五十年。这我是有信心的。但切不要以为没有破坏力量。这种破坏力量可能来自这个方面，也可能来自那个方面。如果发生动乱，中央政府就要加以干预。由乱变治，这样的干预应该欢迎还是应该拒绝？应该欢迎。所以事物都要加以具体分析。我还讲过十三年的过渡时期参与的问题，参与也是一种干预，当然这个参与不是北京方面参与，而是香港人参与，中央政府支持香港人参与。不能设想，到了一九九七年六月三十日，一夜之间换一套人马。如果那样，新班子换上来，什么都不熟悉，不就会造成动乱吗？即使不造成动乱，也会造成混乱。在过渡时期后半段的六七年内，要由各行各业推荐一批年轻能干的人参与香港政府的管理，甚至包括金融方面。不参与不行，不参与不熟悉情况。在参与过程中，就有机会发现、选择人才，以便于管理一九九七年以后的香港。参与者的条件只有一个，就是爱国者，也就是爱祖国、爱香港的人。一九九七年后在香港执政的人还是搞资本主义制度，但他们不做损害祖国利益的事，也不做损害香港同胞利益的事。所以不能笼统地反对参与，也不能笼统地反对干预。港人治港不会变。由香港人推选出来管理香港的人，由中央政府委任，而不是由北京派出。选择这种人，左翼的当然要有，尽量少些，也要有点右的人，最好多选些中间的人。这样，各方面人的心情会舒畅一些。处理这些问题，中央政府从大处着眼，不会拘泥于小节。

一个是怕变，一个是怕干预，还怕什么？有人说怕乱。乱就得干预，不只中央政府要干预，香港人也要干预。总会有人捣乱的，但决不要使他们成气候。

我跟英国人谈的时候，也讲了在过渡时期希望不要出现的几个问题。一个是英资带头往外撤，一个是港币发生大的波动。如果储备金用尽，港币贬值，就会发生动乱。过渡时期我们不过问储备金行吗？还有一个土地问题，如果把土地卖光用于行政开支，把负担转嫁给一九九七年以后的香港政府，不干预行吗？我给英国人讲了五条，他们表示愿意采取合作的态度。

我讲过中国有权在香港驻军。我说，除了在香港驻军外，中国还有什么能够体现对香港行使主权呢？在香港驻军还有一个作用，可以防止动乱。那些想搞动乱的人，知道香港有中国军队，他就要考虑。即使有了动乱，也能及时解决。

对于中英联合声明，我们不仅相信我们自己会遵守，也相信英国人会遵守，更相信香港同胞会遵守。但是应该想到，总会有些人不打算彻底执行。某种动乱的因素，捣乱的因素，不安定的因素，是会有的。老实说，这样的因素不会来自北京，却不能排除存在于香港内部，也不能排除来自某种国际力量。国际上对联合声明反应还是好的。要说变，人们议论的总是北京方面政策会不会变，没有想到其他方面会不会发生变。只要香港同胞团结起来，选择好的政治人物来管理香港，就不怕变，就可以防止乱。即使发生乱，也不会大，也容易解决。

一九九七年以后，台湾在香港的机构仍然可以存在，他们可以宣传"三民主义"，也可以骂共产党，我们不怕他们骂，共产党是骂不倒的。但是在行动上要注意不能在香港制造混乱，不能搞"两个中国"。他们都是中国人，我们相信，他们会站在我们民族的立场，维护民族的大局，民族的尊严。在这样的基础上，进行他们的活动，进行他们的宣传，在香港这种情况下是允许的。

总之，协议签订后会遇到很多新情况。我们过去讲过，要了解新情况，解决新问题，这就是新情况、新问题。坦率地讲，将来会出现什么问题，我们也不清楚，但问题出现了我们会合情合理地处理。上面讲的这些意见，请大家回去后，向香港各行各业五百万人做点解释工作。

我希望港澳同胞多到全国各地走一走，看看国家的面貌，看看国家的变化。我们不是有个口号叫"中华民

族大团结万岁"吗？只要站在民族的立场上，维护民族
的大局，不管抱什么政治观点，包括骂共产党的人，都
要大团结。希望香港同胞团结一致，共同努力，维护香
港的繁荣和稳定，为一九九七年政权顺利移交作出贡献。

军队要服从整个国家建设大局

（一九八四年十一月一日）

邓　小　平

　　我想谈一谈顾全大局的问题。这个大局就是我们国家建设的大局。现在我们这个国家确实是生气勃勃，一片兴旺。外国很多人都这么看、这么说。出现这种局面是最近五年，特别是最近三年，也就是农村政策见效以后，这就增加了我们的信心。为什么这次能够摸"老虎屁股"，进行城市改革？应该说改革是有点风险的，这次北京就出现抢购物资的现象。不仅北京，好多城市都有。我们预料到这点。我们为什么不怕？因为物资比较多，群众一看，又稳定下来了。我们党的十二大确定的目标是翻两番，现在看来肯定能够实现。翻两番是个了不起的事情。国民生产总值按人口平均不算多，叫做小康水平；但是就总量来说，国民生产总值是一万亿美元哪！国家的力量大了。翻两番包含这两个方面的含义。

　　一个对外经济开放，一个对内经济搞活。改革就是

＊　这是邓小平同志在中央军委座谈会上讲话的一部分。

搞活，对内搞活也就是对内开放，实际上都叫开放政策。而对外开放，我们还有一些人没有弄清楚，以为只是对西方开放，其实我们是三个方面的开放。一个是对西方发达国家的开放，我们吸收外资、引进技术等等主要从那里来。一个是对苏联和东欧国家的开放，这也是一个方面。国家关系即使不能够正常化，但是可以交往，如做生意呀，搞技术合作呀，甚至于合资经营呀，技术改造呀，一百五十六个项目的技术改造，他们可以出力嘛。还有一个是对第三世界发展中国家的开放，这些国家都有自己的特点和长处，这里有很多文章可以做。所以，对外开放是三个方面，不是一个方面。对内经济搞活，改革经济体制，发展起来会比我们预想的要快，就是说，很有希望。中间也可能会出些问题，不要紧，我们不怕，一步步走，一步步地总结经验，不对头赶快改，不是大改，大的方针不会变了。

现在需要的是全国党政军民一心一意地服从国家建设这个大局，照顾这个大局。这个问题，我们军队有自己的责任，不能妨碍这个大局，要紧密地配合这个大局，而且要在这个大局下面行动。军队各个方面都和国家建设有关系，都要考虑如何支援和积极参加国家建设。无论空军也好，海军也好，国防科工委也好，都应该考虑腾出力量来支援国民经济的发展。如空军，可腾出一些机场，一是搞军民合用，一是搞民用，支援国家发展民航事业。海军的港口，有的可以合用，有的可以腾出来搞民用，以增大国家港口的吞吐能力。国防工业设备好，技术力量雄厚，要充分利用起来，加入到整个国家建设中去，大力发展民用生产。这样做，有百利而无一害。总之，大家都要从大局出发，照顾大局，千方百计使我们国家经济发展起来。发展起来就好办了。大局好起来了，国力大大增强了，再搞一点原子弹、导弹，更新一些装备，空中的也好，海上的也好，陆上的也好，到那个时候就容易了。

再一个是培养军队和地方两用人才，也是个顾全大局的问题。现在军队这方面工作做得不错，有成绩，这个很好。军队培养两用人才，地方是欢迎的。这方面工作真正做好了，部队干部战士转业复员到地方就容易了。余秋里同志告诉我，现在军队的养猪专业人员，一到地方就有用处，司机到地方是最受欢迎的。我们军队培养了不少有专业技术的人才，把其中一些人才转到地方各行各业去，对地方也是个支援。

在座的同志要教育我们各级干部，关心国家大局，就是使我们国家在二十年内发展起来，实际上从现在到二○○○年，没有二十年，只有十六年了。我们军队要一切服从国家建设这个大局。

裁减军队，提高军队素质[*]

（一九八四年十一月一日）

邓　小　平

从这次国庆阅兵讲起。这次阅兵国际国内反映都很好。但我说有个缺陷，就是八十岁的人来检阅部队，本身就是个缺陷。这表明我们军队高层领导老化，这种状态不改变不行。一个八十岁的人检阅部队，这种情况，在世界各国军队中恐怕是没有的，只此一家。我们军以下干部调整得比较好，比较年轻，当然还要继续调整。最近从工作和作战当中，发现了一些能干的年轻人。我们说的所谓干部老化，是指军级以上，兵团级以上，这就涉及在座的所有人，包括我在内。这件事情还得我们在座的人来解决。过去我讲过多少次，我们不解决这个问题，我们这些在部队生活了几十年的人，对部队是交不了账的。这是我们的第一件大事。

这件事情，过去我们说五年解决，已经过去三年了，现在剩下两年，看来完成不了。我们是不是还可以

---

* 这是邓小平同志在中央军委座谈会上讲话的一部分。

再讲一个五年呢？五年恐怕太长了。我是搞"五年计划"的，这个"五年计划"不包括军委主席。军委主席工作，就我个人的心情来说，希望越早交出越好，现在看来现实不允许。所谓不允许，就是要在我当军委主席期间，争取解决我们高层领导的老化问题。这是个得罪人的事情，我来得罪吧，不把这个矛盾交给新的军委主席。我希望在座的同志也不要把矛盾留给后来人。这个问题太大了。中国人在国际上有这么一个声誉，能够对付最复杂的情况，解决最困难的问题。特别是十一届三中全会以后，经济方面的工作闯出了声誉，国际上哪怕是反对我们的人，也不能不说佩服。我们的改革从农村开始，到现在五年时间，三年就见效了。这次三中全会又作出全面改革的决定，说是城市改革，实际上是全面改革。这是够大胆的。如果说在这方面我们建立了自己的声誉，确实把中国搞好了，比我们预想的要快要好，那末拿这个标准来衡量，落后的是军队。军队高层干部老化问题还没有解决。现在大军区的主要领导人，最年轻的也是六十四五岁。总部领导有几个年轻的？都是六十五岁以上的，过五年就七十多岁了。这怎么行呢？最近在边境打那么个小仗，师长上火线负重也不轻哪。在座的各位去试试看，我是不行，你们有这个本事啊？恐怕都不行了。军队有个特点，就是要壮，壮就得年轻，年轻才力壮嘛！

过去说过，我们在座各位的任务，就是找接班人。

人，有没有？有。过去我们讲台阶，按部就班地搞，现在恐怕要修正一下，要破点格。凡是看准了的人，要大胆地提拔上来，我们帮他。有的是在实战当中表现出来的，有的是在工作当中表现出来的。我不是说过要开个单子嘛，有没有啊？明年为什么要开党的全国代表会议？主要是选拔一批年轻人进中央委员会，当然还有别的事情。要后继有人，这是一个战略安排。人有的是，不是没有人，就是要去选，去物色，物色准了，就把他们放到重要的或者更重要的岗位。现在关键是高层，是三总部、大军区、军兵种领导干部。一个是提，一个是让。我们希望军队出现一些"开明人士"，起带头作用，没有"开明人士"不行。全国干部老化的问题，突出的是军队。这个问题很重要，必须解决。怎么解决？这次座谈会可以谈谈，军委也要好好研究。问题要解决，哪怕走一步也好。这一步就是三总部、大军区、军兵种在两年时间内，能不能找一些五十岁左右的人，如果能找到四十岁左右的更好。找太年轻的恐怕现在还困难。六十岁的人干得了多久？干十年就是七十岁。我们要物色一些五十岁稍微出头的人，在实际工作中筛选，两年至迟三年时间加入这个行列。五年以后，我们主要的高层领导人最好能够在六十岁左右。外国军队六十岁的人已经退休了，我们讲六十岁左右，是按照中国的实际情况来确定的。一下都年轻化恐怕不行，但是晚了也不行，还是老中青三结合，用这种交替方式解决这个问题。现在老一点的人，有一部分就应该让出位置来，用一些方式，顾问委员会的方式或者退休的方式，主要是退休的方式。最近我在顾问委员会也讲了退休的问题，我们的根本制度是退休制度，不是顾问制度。顾问制度是一个过渡形式。大家研究一下：一、这个想法对不对，二、如果这个想法对，有没有希望做到。讲改革，这是最大的改革，也是最困难的改革。

党中央、国务院在这方面走得比我们军队快。现在的副总理、中央委员里边一些比较年轻一点的人，比较能干，能够胜任。他们这个年龄比我们当时这个年龄的水平高一些，首先他们的知识比我们丰富一些。年轻人提起来，我们要信任，要相信他们比我们能干，当然还要帮。这是我讲的第一点。

第二点，就是"消肿"。这个话讲了快十年了。"消肿"一直是我们军队的一个很大的问题。这里涉及到对国际形势的判断。仗打不起来这个话，我们多次讲过，过去讲十年，现在过了几年，还可以说十年。现在能发动战争的还是美苏两家，但是这两家都不敢动，哪一家都有毁灭世界的能力，谁敢动啊？这里还要讲中国现在的对外政策。我们现在是独立自主的外交政策，谁搞霸权主义就反对谁，不允许任何人打"中国牌"。这个政策很重要。这是维护和平的最好的政策。因为中国这个力量，加到任何一方，都会发生质的变化。我们说十年打不起来，包括我们对外政策的作用。所以现在我们讲裁军、和平，我们有这个分量，有这个资格。我们现行的政策，最有力量，最有利于世界和平和国际形势的稳定。讲战争危险，从毛主席那个时候讲起，讲了好多年了，粉碎"四人帮"后我们又讲了好久。现在我们应该真正冷静地作出新的判断。这个判断，对我们是非常重要的。首先就是我们能够安安心心地搞建设，把我们的工作重点转到建设上来。没有这个判断，一天诚惶诚恐的，我们怎么还能够安心地搞建设？不可能安心地搞建设，更不可能搞全面改革，也不可能确定建军的正确原则和方向。

即使战争要爆发，我们也要"消肿"。肿，就是表现在我们指导战争的能力不高。虚胖子能打仗？拳击运动员身体很重，但是不虚，虚就不能进行拳击。我讲过，我们的肿，真正打起仗来，就是跑反也跑不赢。确实如此啊。如果真正打起仗来，像我们现在这种臃肿状态的高层领导机构，根本不可能搞好指挥。我们在战火中生活几十年，打仗靠指挥灵便，现在有什么灵便啊？一个从节省开支看，一个从提高军队素质看，都必须"消肿"。就是战争比较早地到来，也得"消肿"。不"消肿"就不能应付战争。"消肿"，提了多少年了，但效果不大。抗美援朝以后，我们军队曾经减到二百几十万人。二百几十万人就显得我们国家力量弱了？并不是说人少了就表现中华人民共和国国力弱了，那个时候并不弱嘛，人家也并没有轻视我们。我们有这个历史嘛。

我们的军费开支数目不算大，但是对我们也是一个负担。现在减人，是为了更多地节省开支，把人头开支节约下来，改善我们的装备，更重要的是提高军队素质。战争不来是这样，战争快来也是这样，都要提高军队素质。所以要提出进一步裁减，减少一百万人。因为减少一百万人也能足够应付意外的事件。我们军队肿在哪里？主要不是肿在作战部队，当然部队也多了一点，主要是肿在各级领导机构，第一是三总部。总政人少一点，但也有点肿，也得减，减的有限就是了，主要是总参、总后。军兵种也不能说不肿。空军的人数恐怕是世界上最多的一个。海军不强，但也肿，因为我们舰艇只有那么多嘛。国防科工委现在那么大的机构，这还不叫肿啊？再就是我们的大军区，每个都是"麻雀虽小，肝胆俱全"，人多得不得了。所以说，"消肿"主要是总部、军兵种和大军区。减一百万人，恐怕大多数人要从这里减。减了以后这些机构的效率肯定会提高。那时候，我们军队蓬蓬勃勃的兴旺气象就会真正出现。

这几天座谈，大家都很赞成减到三百万人这个方案。减到三百万人，一是必要，二是没有风险，好处多得很。这件事情看什么时候能够完成？我希望用两年、三年的时间实现这个决策。我们军队有个特点，就是行动快，有这个传统嘛。最好不要超过三年，拖长了不利。一年半、两年能够完成就很好。

精简还要联系到人事制度的改革，就是刚才说的，提一批年轻同志到领导岗位，老同志让出一些位置来，没有这条不行。有一条可以肯定，就是要撤掉一些大军区，保留六个、七个。还有一个怎么设置的问题，撤哪个，并哪个，这个问题比较好办。

军工体制怎么改革，我们还没有最后决定，但这个问题现在已提到日程上来了。比如，几个机械工业部，除了二机部、七机部以外，应该纳入整个国家的规划，要结束另外一个天地的时代。这不会妨碍军火生产，你给他任务嘛。我讲了好几年了，军火生产改成订货关系。将来恐怕必须是这样。因为一搞责任制，你不搞订货关系，怎么行呢？这样做，最大的好处是这些设备、技术、人才综合利用起来，效益不止成倍增加。这样做有百利而无一害。这是一个全局问题。现在要解决这个问题，不能再犹豫了，拖一天就损失一天。

在军委扩大会议上的讲话

（一九八五年六月四日）

邓 小 平

在这么一个重要会议上，我想先就裁减军队这件事情，讲几句话。我们下这样大的决心，把中国人民解放军的员额减少一百万，这是中国共产党、中国政府和中国人民有力量、有信心的表现。它表明，拥有十亿人口的中华人民共和国，愿意并且用自己实际行动对维护世界和平作出贡献。减少一百万，实际上并没有削弱军队的战斗力，而是增强了军队的战斗力。即使国际形势恶化，这个裁减也是必要的，而且更加必要。过去我们讲过，这么臃肿的机构如果不"消肿"，不要说指挥作战，就是疏散也不容易。"消肿"，比较难的是安置退下来的几十万干部。杨尚昆同志在小组会上讲了这个问题，我们要想妥善的办法把它解决好。这次军委会议开得很好，大家想到一块儿了。在这方面，我看没有不同意见。这说明我们军队的同志是从全局着眼，从国际大局和国内大局着眼来看问题的。

今天我主要想讲一讲国际形势，中国的国际地位和对外政策。这个问题同我们会议也有关系。粉碎"四人帮"以后，特别是党的十一届三中全会以后，我们对国际形势的判断有变化，对外政策也有变化，这是两个重要的转变。

第一个转变，是对战争与和平问题的认识。过去我们的观点一直是战争不可避免，而且迫在眉睫。我们好多的决策，包括一、二、三线的建设布局，"山、散、洞"的方针在内，都是从这个观点出发的。这几年我们仔细地观察了形势，认为就打世界大战来说，只有两个超级大国有资格，一个苏联，一个美国，而这两家都还不敢打。首先，苏美两家原子弹多，常规武器也多，都有毁灭对手的力量，毁灭人类恐怕还办不到，但有本事把世界打得乱七八糟就是了，因此谁也不敢先动手。其次，苏美两家都在努力进行全球战略部署，但都受到了挫折，都没有完成，因此都不敢动。同时，苏美两家还在进行军备竞赛，世界战争的危险还是存在的，但是世界和平力量的增长超过战争力量的增长。这个和平力量，首先是第三世界，我们中国也属于第三世界。第三世界的人口占世界人口的四分之三，是不希望战争的。这个和平力量还应该包括美苏以外的发达国家，真要打仗，他们是不干的呀！美国人民、苏联人民也是不支持战争的。世界很大，复杂得很，但一分析，真正支持战争的没有多少，人民是要求和平、反对战争的。还要看到，世界新科技革命蓬勃发展，经济、科技在世界竞争中的地位日益突出，这种形势，无论美国、苏联、其他发达国家和发展中国家都不能不认真对待。由此得出结论，在较长时间内不发生大规模的世界战争是有可能的，维护世界和平是有希望的。根据对世界大势的这些分析，以及对我们周围环境的分析，我们改变了原来认为战争的危险很迫近的看法。

第二个转变，是我们的对外政策。过去有一段时间，针对苏联霸权主义的威胁，我们搞了"一条线"的战略，就是从日本到欧洲一直到美国这样的"一条线"。现在我们改变了这个战略，这是一个重大的转变。世界上都在说苏、美、中"大三角"。我们不讲这个话，我们对自己力量的估计是清醒的，但是我们也相信中国在国际事务里面是有足够分量的。我们奉行独立自主的正确的外交路线和对外政策，高举反对霸权主义、维护世界和平的旗帜，坚定地站在和平力量一边，谁搞霸权就反对谁，谁搞战争就反对谁。所以，中国的发展是和平力量的发展，是制约战争力量的发展。现在树立我们是一个和平力量、制约战争力量的形象十分重要，我们实际上也要担当这个角色。根据独立自主的对外政策，我们改善了同美国的关系，也改善了同苏联的关系。我们中国不打别人的牌，也不允许任何人打中国牌，这个我们说到做到。这就增强了中国在国际上的地位，增强了中国在国际问题上的发言权。

总之，一个是对国际形势的判断，一个是根据这个判断相应地调整对外政策，这是我们的两个大变化。现在看来，这两个变化是正确的，对我们是有益的，我们要坚持下去。只要坚持这样的判断和这样的政策，我们就能放胆地一心一意地好好地搞我们的四个现代化建设。我们的立足点还是自力更生，但是我们搞开放政策，利用国际和平环境更多地吸收对我们有用的东西，这对加速我们的发展比较有利。

最后我再讲一点。大家很关心军队的建设，关心军队装备的现代化，这个问题也涉及大局。四个现代化，其中就有一个国防现代化。如果不搞国防现代化，那岂不是只有三个现代化了？但是，四化总得有先有后。军队装备真正现代化，只有国民经济建立了比较好的基础才有可能。所以，我们要忍耐几年。我看，到本世纪末我们肯定会超过翻两番的目标，到那个时候我们经济力量强了，就可以拿出比较多的钱来更新装备。可以从外国买，更要立足于自己搞科学研究，自己设计出好的飞机、好的海军装备和陆军装备。先把经济搞上去，一切都好办。现在就是要硬着头皮把经济搞上去，就这么一个大局，一切都要服从这个大局。

中共中央、国务院关于尊重爱护军队积极支持军队改革和建设的通知

（一九八五年七月二十七日）

当前，全国经济体制改革和其他各条战线的改革，正在按照中央的方针顺利进行。人民解放军的体制改革、精简整编工作也已全面展开。根据中共中央决定，我国政府已经宣布军队减少员额一百万，这是军队服从经济建设大局的重大行动，也是加强军队建设的积极方针。完成军队精简整编任务，把人民解放军进一步建设成为一支机构精干、装备精良、训练有素、战斗力很强的现代化、正规化的革命军队，这不仅是军队同志的责任，也是全党、全国各族人民共同的责任。党中央、国务院认为：使全党、全国人民深刻理解军队进行改革、精简这一战略决策的重大意义，认识军队在四化建设中的地位和作用，在全社会造成尊重、爱护军队的良好风尚，并从各方面大力支持军队的改革和建设，是十分必要的。

人民解放军从建军那天起，就紧紧地依靠人民，团结人民，艰苦奋斗，英勇牺牲，为夺取民主革命胜利，保卫和参加社会主义建设，建立了不朽的历史功勋。党的十一届三中全会特别是十二大以来，军队坚决贯彻执行党的路线方针政策，按照党中央、中央军委的方针加强革命化、现代化、正规化建设，在军事、政治、后勤、科研等方面，都创造了新的经验，取得了显著成就。现在我们军队的建设是建国以来最好的时期之一。部队的军政素质和现代战争条件下的自卫能力，有了很大提高。云南、广西边防部队英勇作战，打击了越南侵略者，胜利地保卫了祖国边疆，保卫了四化建设。干部队伍的革命化、年轻化、知识化、专业化建设有重大进展。学习科学文化知识、培养军地两用人才，是新时期军队建设的一个创举，利党、利国、利军、利民。军队积极参加国家重点工程建设，广泛开展军民共建社会主义精神文明活动，对推动社会主义物质文明和精神文明建设，发挥了重要作用。在整党中，军队认真进行了彻底否定"文化大革命"的教育，创造了一些比较好的经验，对全党的思想建设是一个贡献。部队各级领导就"三支两军"中的错误，诚恳地向地方党政机关和群众作自我批评，认真解决遗留问题，表现了对党对人民的高度负责精神。在体制改革、精简整编这一大的变动中，全军上下听从党中央、中央军委的号令，无论是对单位的撤、并、降、改，还是个人的进、退、去、留，都表示坚决服从组织安排，体现了广大指战员顾大局、识大体的觉悟和风格。事实证明，我们的军队是一支好军队，是党和人民完全可以信赖的。

特别应该指出，人民解放军有理想，有纪律，在保持和发扬艰苦奋斗、不怕牺牲的光荣传统方面，堪称模范。为使全国人民放心地进行四化建设，参加自卫作战的部队和常年驻守在边疆、海岛、高原、深山的广大指战员，以"亏了我一个，幸福十亿人"的博大胸怀，在异常艰苦的条件下，日日夜夜警惕地保卫着祖国安全，贡献了青春以至生命。每当发生重大灾情险情，军队总是挺身而出，站在第一线，抢救人民的生命和财产，谱写了许多令人感奋的篇章。军队经常处于战备、训练、执勤等紧张的工作中，并要随时听从调动，执行党和国家赋予的任务。军队担负着特殊的使命，军队的干部、战士在经济上、物质文化生活上、个人志趣和家庭生活等各方面，总在作出一些牺牲，承受着诸多实际困难。这种崇高的革命精神，是我们军队的骄傲，国家的骄傲，中华民族的骄傲。

我们全党、全国人民压倒一切的中心任务是进行经济建设，党政军民的一切工作都要围绕这个中心，服从这个大局。但是这绝不意味着可以轻视军队的地位和作用。保持和建设一支有中国特色的现代化、正规化的革命军队，对保卫祖国，保卫人民的和平劳动，对巩固国防，抵抗可能发生的外来侵略，都是完全必需和十分重要的。各级党政负责同志一定要正确认识军队的地位和作用，增强尊重、爱护军队的观念，努力做好支持军队改革和建设的各项工作。

尊重、爱护、支持人民军队，是我国人民在长期的革命战争中形成的好传统。近几年来，地方各级党委、政府和各族人民群众，满腔热情地为部队选送兵员，安置转业干部、退伍军人，关心和照顾军属烈属，帮助部队学习科学文化知识，支援军队完成各项任务，作出了巨大努力，取得了很大成绩。山西省隰县开展"帮战友"的活动，江苏省南通市兴办"军人家庭服务中心"，山东大学进行"战士在我心中"的教育等，都是拥军优属工作的新发展。全国人民特别是云南、广西边境各族人民，踊跃支援部队对越自卫作战，极大地激励和教育了全军指战员。经过党政军民的共同努力，军政军民团结日益增强，革命战争年代形成的拥政爱民、拥军优属、军政一致、军民一致的优良传统，得到了恢复和发扬。

我们也应看到，由于长期的和平环境，一些同志的国防观念淡薄了，对军队的重要地位和作用认识不足，对部队承担的艰苦任务和实际困难缺乏了解，有的地方优抚安置工作还不落实。这些问题，应当引起各级党委和政府的重视。

为进一步做好尊重、爱护、支持军队的工作，特提出以下要求：

一、加强军事宣传工作。各级领导要重视军事宣传，充分发挥宣传、文化部门和通讯社、报刊、出版、广播、电视的作用，有计划地宣传人民解放军在保卫祖国和建设祖国中的英雄业绩，宣传军队革命化、现代化、正规化建设的新成就，宣传广大指战员特别是英雄模范人物全心全意为人民服务的思想和崇高的爱国主义、革命英雄主义精神，宣传拥政爱民、拥军优属、军民团结的先进典型。文学艺术作品要努力反映部队生活，塑造当代军人形象。宣传要实事求是，注重实效，勤俭节约，不搞形式主义。通过宣传，使人民群众进一步了解和热爱自己的军队，受到爱国主义、共产主义思想的教育，形成一人参军全家光荣、爱护支持军队人人有责的良好社会风气。

二、教育公民积极认真地履行兵役义务。在和平建设时期，军队减少员额的情况下，做好这方面的工作尤其重要。要切实做好征兵工作，保证兵员的数量和质量。鼓励青年学生报考军事院校。地方高等学校要根据军队需要，有计划地向军队输送一定数量的优秀毕业生。搞好预备役人员的组织、训练和高等院校、高级中学学生的必要的军事训练。通过做好这些工作，向人民群众进行生动实际的国防教育，增强国防观念，加强组织纪律性。

三、妥善安置军队的转业干部和离休、退休干部。人民解放军的干部，是国家干部队伍的重要组成部分，是党的宝贵财富。妥善安置转业干部，是搞好军队精简整编的关键。接收安置好转业干部，是当前地方对军队改革和建设的最大支持。对军队转业干部一定要热情欢迎，积极接收，认真培训，合理使用，使他们成为国家建设的一支重要力量。在工作分配上，对那些有突出贡献的，打过仗、立过功的，长期在艰苦地区工作的同志，应给予适当照顾。军队对转业干部要做好思想工作，教育他们体谅地方困难，服从组织分配，鼓励他们在新的岗位上作出贡献。移交地方的军队离休、退休干部，应同地方离休、退休的党政干部一样，由党的组织部门、政府民政部门统一管理，安排好他们的政治、物质、文化生活，解决好家属随迁和子女上学、工作等具体问题，真正体现党和国家对这些为革命奋斗了几十年的老同志的关怀。

四、切实做好优抚工作。现役军人，伤残军人，退出现役的军人，革命烈士家属，牺牲、病故军人家属，现役军人家属，为国家和人民作出了贡献和种种牺牲，应当受到社会的尊重，受到政府和人民群众的热情照顾。国务院有关部门要根据当前出现的新情况，抓紧修订优待、抚恤和安置工作条例、法规。各省、自治区、直辖市也应从实际情况出发，制订相应的地方行政法规。各级领导机关对优抚工作要经常进行检查，促其落实。对军队干部家属的住房、就业等实际问题，在可能的条件下，要优先予以解决。要切实安置照顾好伤残军人，办好荣誉军人疗养院、荣誉军人学校，对尚能工作和劳动的要多方面给他们创造学习和就业的条件。革命烈士为祖国、为人民献出了宝贵的生命，我们要铭记他们的功绩，关心他们的遗属，切实解决烈属在生产和生活中的困难。

五、按照军民两利的原则，在经济建设领域广泛开展军民互助协作。要鼓励和支持军队挖掘潜力，按国家的政策开展种植、养殖、加工、开矿、服务行业等生产经营活动。对部队在自己开垦的荒滩荒地上从事农副业生产的收入，应继续免征农业税。军队要积极参加国家和地方的重点工程建设，国家和地方应按有关规定给予报酬。继续提倡在工业、农业、商业、交通、基建等方面实行军民两用、军民合办、军民协作。在开展军民共建社会主义精神文明活动和地方举办公益事业时，部队应积极支援，但各级政府部门、社会团体、厂矿企业、商店、学校等一切单位，不得以任何借口向部队的单位和个人摊派钱物。要按照中共中央、国务院、中央军委的有关指示，积极协助军队保护好一切军产、房地产和军用设施，任何地方单位或部门不得强行索要和擅自占用。

六、要正确处理军队、地方之间发生的问题。加强军政、军民团结，是巩固安定团结大好局面，胜利实现四化建设宏伟目标的重要保证。有了矛盾，军队同志和地方同志都要多为对方着想，多体谅对方的困难。出了问题，都不要护短，要多作自我批评。遇有重大问题，军队和地方的负责同志应亲自出面协商解决。

对军队的意见和批评，应经过组织提出，求得在内部解决，注意维护军队在群众中的声誉。对于严重违法分子，属军队的交由军队去办，属地方的交由地方去办，都应依法处理。军队和地方特别是各级负责同志，要经常互相走访，互相学习，互通情况，交换意见，增进彼此间的了解和感情，把我党我军长期形成的军政、军民团结一致的好传统，一代一代地传下去。

党中央、国务院相信，人民群众越是尊重、爱护、支持军队，军队越会自尊自爱，加倍努力，做好工作，以实际行动作出回答，不辜负党、政府和全国各族人民的爱戴和期望。

中共中央批转中央军委《关于新时期军队政治工作的决定》的通知

（一九八七年二月十五日）

现将中央军委《关于新时期军队政治工作的决定》发给你们。中央认为，这是一个很重要的文件。这个决定，以马列主义、毛泽东思想为指导，继承党和军队政治工作的优良传统，结合新的历史时期军队的任务和面临的情况，对军队政治工作的指导思想、主要任务、方针政策和基本方法，做出了正确的阐述和规定，对于保证军队的革命化、现代化、正规化建设，保证军队完成保卫祖国、建设祖国的光荣任务，具有重要的长远的指导作用。全军都要认真贯彻执行。

高度重视和不断加强、不断改进思想政治工作，是我们党一贯坚持的优良传统，是我们党领导人民夺取革命和建设胜利的重要保证。在改革、开放、搞活的新形势下，思想政治工作只能加强，不能削弱。坚持四项基本原则，反对资产阶级自由化，加强社会主义精神文明建设，提高人们参加改革和社会主义现代化建设的积极性，提高人们的思想道德素质，增强抵制资本主义、封建主义腐朽思想侵蚀的能力，使改革、开放政策顺利地贯彻实施，使国民经济持续、健康地发展，都离不开强有力的思想政治工作，中央军委这个决定的基本精神，对各地方、各部门、各条战线做好思想政治工作，都是适用的。望各级党组织认真学习，并结合自己的实际情况加以运用，研究如何切实加强和改进这方面的工作。

中央军委关于新时期
军队政治工作的决定

（一九八七年一月二十七日）

　　中国人民解放军的政治工作，是党和毛泽东同志等老一辈无产阶级革命家创建的。一九二九年的古田会议决议，确立了人民军队建设的根本原则，奠定了我军政治工作的基础。一九四四年西北局高级干部会议上关于军队政治工作问题的报告，总结了政治工作的经验，对我军的政治工作建设产生了重大影响。解放战争时期开展新式整军运动，发扬政治、经济、军事三大民主，从实践上理论上推进了我军的政治工作。经过几十年的实践和发展，我军政治工作的理论、原则、方法形成了比较完整的科学体系，它是党的宝贵财富，是毛泽东思想的重要组成部分。在历次国内革命战争和民族解放战争中，在中华人民共和国成立后军队的建设和完成各项任务中，政治工作都显示了巨大的威力。从五十年代后期开始，我军政治工作逐渐受到"左"的指导思想的影响。错误地开展反"教条主义"斗争和批判"资产阶级军事路线"，给我军建设和政治工作造成了很大损害。

一九六〇年关于加强军队政治思想工作的决议，有正确的、积极的内容，但由于把阶级斗争作为主要矛盾，把反"右倾"作为政治上的主要任务，把政治工作强调到不适当的地位，使我军政治工作的方向发生了偏差。"文化大革命"中，林彪、江青反革命集团反对马克思主义的基本原则，推行"政治可以冲击一切"，大搞无限上纲和实用主义、形式主义，严重地破坏了我军的政治工作。粉碎"四人帮"以后，一九七八年六月关于加强军队政治工作的决议，提出坚持实事求是，在新的历史条件下恢复和发扬政治工作的优良传统，提高我军战斗力，这是完全正确的，有长远的指导意义。然而，由于当时历史条件的限制，这个决议仍沿用了一些不正确的提法。经过党的十一届三中全会以来的拨乱反正，认真总结和吸取正反两方面的历史经验，我军政治工作重新走上了正确的发展轨道，对实现军队重大转变和各项任务的完成，发挥了重要作用。

军队政治工作必须随着党的任务的变化和军队建设的发展而发展。党的十一届三中全会以后，我国社会主义建设进入了新的历史时期。全党全国把工作重点转移到社会主义现代化建设上来，在坚持四项基本原则的基础上，集中力量发展社会生产力，为建设具有中国特色的高度文明、高度民主的社会主义现代化国家而奋斗。在这个总方针的指引下，国防建设和军队建设的指导思想实行了战略性转变。军委认为，依据党中央确定的新时期军队的任务和建设方针，依据中央关于社会主义精神文明建设指导方针的决议，从部队的实际出发，就新时期军队的政治工作做出决定，是十分必要的。

一、人民解放军在国家实现三大任务中的历史责任。

党的十一届三中全会以来，特别是邓小平同志主持军委工作以来，军队建设的形势发展很快。全军通过彻底否定"文化大革命"，努力清除"左"的影响，平反冤假错案，认真消除十年内乱带来的消极后果；进行思想政治教育，提高官兵贯彻执行党的路线方针政策的自觉性；坚持实事求是、从实际出发，恢复和发扬我党我军的优良传统，贯彻执行新时期军队建设的任务和方针；把教育训练提到战略地位，大力提高官兵的军事、政治、科学文化素质；按照革命化、年轻化、知识化、专业化的方针调整和健全领导班子，加强干部队伍建设；进行全面整党，加强党的思想、作风、纪律、组织建设；发展国防科研，改进武器装备；加强后勤建设，改善后勤保障；实行体制改革、精简整编，减少员额一百万；建立预备役制度，增强国防后备力量；支援国家建设，参加抢险救灾；进行对越自卫还击作战，保卫我国神圣领土和边境安宁，都取得了显著成就。全军广大指战员经受住了国家历史性大变革和其他各种考验，为保卫祖国和建设祖国做出了重要贡献。

我国各族人民当前和今后一个长时期内的主要任务是：加紧社会主义现代化建设，争取实现包括台湾在内的祖国统一，反对霸权主义、维护世界和平。人民解放军作为保卫祖国的钢铁长城和建设祖国的重要力量，在实现这三大任务中肩负着重大的历史责任。

经济建设是三大任务的核心，是实现其他任务的基础，是全国的大局。军队要一心一意地服从这个大局，担负起保卫祖国安全、保卫四化建设的重任，维护国家的安定团结，积极支援和参加国家建设，为国家富强、人民富裕努力奋斗。人才培养要贯彻以军为主、军地两用的原则，为国家输送合格的建设人才。国防科学技术研究和武器装备发展，要贯彻军民结合、平战结合的方针，为经济建设和国防现代化做出新贡献。军民共建社会主义精神文明，要通过广大官兵的模范行动，密切联系人民群众，进行思想政治工作，为所在地区、有关单位的精神文明和物质文明建设贡献力量。

统一祖国是全国各族人民的共同心愿。按照"一国两制"的正确构想，恢复对香港和澳门行使主权，实现大陆和台湾的统一，是党和政府坚定不移的方针。我们坚决主张并致力于用和平的方式解决台湾问题，但从未许诺不用非和平的方式。完成祖国统一大业，要有国民经济的持续发展，要有在这个基础上国防建设的日益加强。全军官兵对统一祖国的神圣任务和正确方针，应有充分的认识和全面的理解。

反对霸权主义、维护世界和平，是当今世界一切爱好和平的国家和人民的要求。我国现代化建设需要有一个和平环境。中国作为一个社会主义国家，坚决支持各国人民为反对霸权主义、维护世界和平所做的一切努力，坚定不移地实行独立自主的和平外交政策。任何外国不要指望中国做他们的附庸，不要指望中国会吞下损害我国利益的苦果。我们愿意按照和平共处五项原则，同一切邻国实现和发展睦邻友好关系，同世界各国实现和发展友好关系。我们绝不侵占别国一寸土地，也绝不容许别人侵犯我国的神圣领土、领海和领空。人民解放军是人民民主专政的坚强柱石，也是维护世界和平的重要力量。

要履行人民解放军在三大任务中的历史责任，必须把我军建设成为一支强大的现代化正规化的革命军队。就是说，这支军队必须是党领导下的，以全心全意为人民服务为唯一宗旨，坚持四项基本原则，具有崇高的理想和严格的纪律，具有爱国主义和国际主义精神，能够压倒一切敌人、战胜一切困难的革命军队；必须是用优良武器装备武装起来，掌握先进军事科学理论和军事技术，具有现代条件下自卫作战能力的现代化军队；必须是统一指挥、统一制度、统一编制、统一纪律、统一训练的诸军兵种密切协同动作的正规化军队。革命化、现代化、正规化三个方面互相联系，互相促进，构成了新时期我军建设的鲜明特色。

我军全体官兵，都要明确认识自己在实现三大任务、建设现代化正规化革命军队中的历史使命，充分认识保卫伟大祖国、保卫和平建设、维护世界和平的岗位是无尚光荣的，增强革命军人的责任感，维护国家的荣誉和民族的尊严，提高民族自信心和自尊心，树立坚定的信念，不怕艰难困苦，不怕流血牺牲，为了祖国的安全、人民的幸福，甘愿奉献自己的一切。

二、新的历史条件下必须加强我军政治工作。

中国共产党在人民解放军中的政治工作，是我军的生命线。通过强有力的政治工作，把进步的政治精神贯注于军队之中，是人民军队区别于其他军队的显著特点之一，是我军的真正优势。

由于国际国内形势的发展，由于我军各方面的变化，我军政治工作面临着许多新的情况。

当前，世界战争的危险仍然存在；但是，世界和平力量的增长超过战争力量的增长，有可能争取到一个较长的和平时期。相对和平的环境，对我们国家的建设包括军队建设是一个有利的历史时机。同时，和平的环境也容易使人们淡漠国防观念，产生麻痹思想，松懈斗志，滋长不愿过紧张艰苦生活的情绪，减弱搞好军队建设的责任感和紧迫感。

我们国家进行全面改革，实行对外开放、对内搞活经济，由此带来经济、政治、文化和社会的全面进步，为我军现代化建设和精神文明建设不断创造着良好条件，促使官兵的思想、观念和精神状态发生积极的深刻的变化。同时，在改革、开放、搞活过程中也会出现某些消极的因素。阶级斗争已经不再是我国社会的主要矛盾，但阶级斗争还将在我国社会的一定范围内长期存在。资本主义、封建主义的腐朽思想也不可避免地会侵袭到部队中来。

现代科学技术在军队建设和未来战争中的作用越来越突出。随着我军武器装备的改善，技术兵种比重的增大，部队合成程度的提高，需要越来越多的具有现代科学文化知识的军事人才和各种专业技术人才。这有利于激发官兵学习、掌握科学文化知识和现代军事技术的热情。同时，也容易使一些人产生误解，轻视政治和政治工作，忽视对马列主义、毛泽东思想的学习，放松对自己思想和作风的严格要求。

中青年干部走上各级领导岗位，一批批有知识、有文化的青年进入部队。他们有朝气，思想活跃，为军队建设增添了生机和活力。但他们大都没有经历过战争的考验和艰苦环境的锻炼，对我国人民和军队的奋斗历史缺乏了解，对党和军队的优良传统体会不深。

在这些新的情况下，如何使官兵充分利用和平的时机抓紧现代化建设，增强国防力量，同时又能清醒地认识我军永远是一个战斗队，认识保卫祖国、抵抗侵略是自己的神圣职责和光荣使命，始终保持警惕和旺盛的士气，随时准备应付突发事件；如何使官兵的思想适应改革、开放、搞活的形势，积极支持和参加改革，正确处理个人利益和军队利益、国家利益的关系，振奋革命精神，保持民族气节，提高抵制各种错误思想的能力；如何引导官兵既重视科学文化和军事技术的学习，又重视思想觉悟的提高，把自己锻炼成为既懂军事、又懂政治，既能打仗、又能从事国家建设的人才；如何使年轻官兵继承和发扬优良传统，在实践中刻苦磨炼、锐意进取、健康成长，接好坚持革命斗争方向的英勇精神的班，等等，这都是我军政治工作面临的重大课题和新的考验。

全军同志必须明确，新时期我军政治工作的任务不是减轻了，而是加重了，要求更高了，工作的难度也更大了。政治工作只能加强，不能削弱。如果低估了政治工作的作用，放松和削弱了政治工作，就会损害军队的建设，就会犯历史性的错误。

三、我军政治工作的基本指导思想。

党和国家的任务、军队的任务规定着军队政治工作的任务。新时期我军的政治工作，必须服务于国家的社会主义现代化建设，服务于军队的现代化建设，从政治上、思想上、组织上保证党对军队的绝对领导和人民军队的性质，保证军队的社会主义精神文明建设，保证军队内部的团结和军政军民团结，保证军队战斗力的提高和各项任务的完成，动员和团结全体官兵把我军建设成为具有中国特色的现代化正规化的革命军队。这就是我军政治工作的基本指导思想。这个指导思想必须贯穿于政治工作的各个方面和全部活动。

国家的社会主义现代化建设，体现了全国各族人民的根本利益，是加强我军建设的前提和基础。军队要在这个大局下行动。军队的政治工作必须从这个大局的需要出发，否则，就会脱离国家的实际。

军队的现代化建设是我军全部工作的中心，是现代战争提出的必然要求，也是我军向高级阶段发展的必由之路。政治工作要紧紧围绕这个中心，推动我军的全面建设，否则，就会脱离军队的实际。

我军是中国共产党领导的中华人民共和国的武装力量，以人民的利益为最高利益。坚持党对军队的领导和全心全意为人民服务的宗旨，是关系军队性质和发展的不可动摇的原则。政治工作必须保证全军官兵坚持四项基本原则，贯彻党的路线方针政策，遵守国家的宪法和法律，维护人民的利益，反对和抵制否定中国共产党的领导、否定社会主义制度、主张资本主义制度的资产阶级自由化。

高度的社会主义精神文明是社会主义建设的战略目标之一，也是军队建设的重要任务。军队在精神文明建设中应该坚决贯彻执行党中央的方针，努力创造优异成绩。政治工作要保证精神文明建设的不断加强，提高全军官兵的思想道德素质和科学文化素质，把他们培育成有理想、有道德、有文化、有纪律的革命军人。

军队内部的团结和军政军民团结是我军力量的深厚源泉，是人民军队的一个根本标志。政治工作要保证官兵之间、上下之间、同志之间、各部队之间互相尊重、团结一致，增进军政之间和军民之间的密切合作和坚强团结。

部队的一切工作都要着眼于提高战斗力。具有良好军政素质的人同现代化的武器装备结合起来，就能形成强大的战斗力。政治工作必须结合教育训练、作战、执勤、科学研究、后勤保障等任务一道去做，使各项工作坚持正确的指导思想，发挥官兵的积极性、创造性，保证部队战斗力的不断提高和各项任务的完成。

强调政治工作的服务和保证作用，绝不是降低政治工作的地位，恰恰说明了政治工作在建设现代化正规化革命军队中的重要地位。政治工作是我军的生命线，就具体体现在上述的服务和保证之中。

四、政治工作要在继承优良传统的基础上改革创新。

在长期的革命斗争中，我们党把马列主义同我国革命和我军建设的实际结合起来，经过不断总结、发展和完善，形成了我军政治工作的优良传统。主要内容是：坚持党领导军队的原则和全心全意为人民服务的宗旨；用马列主义、毛泽东思想和党的正确路线教育部队；实行官兵一致、军民一致、瓦解敌军的原则；实行政治民主、经济民主、军事民主；遵守三大纪律八项注意；坚持实事求是和群众路线；发扬爱国主义、国际主义和革命英雄主义精神；按照德才兼备的原则选拔任用干部；加强军队中党组织的建设，发挥党委的核心领导作用、党支部的战斗堡垒作用和党员的先锋模范作用，等等。这些传统，反映了我军的本质，是我军政治工作最富有生命力的原则和内容。全军同志都应该继承和发扬这些传统。

国际国内环境的变化，我军建设指导思想的战略性转变，军官、士兵的新的特点，要求我军政治工作必须在继承优良传统的基础上不断改革创新。没有创新，政治工作就缺乏活力，优良传统也不可能真正继承。单纯强调情况变化而贬低甚至否定优良传统，是不对的。墨守成规，固守已有的经验，不注意研究新情况、新问题，也是不对的。

我军政治工作经过拨乱反正、改革创新，已经有了新的进展，主要是：端正了政治工作的指导思想，摆正了政治工作同其他工作的关系；明确政治机关和军事机关、后勤机关都是党委统一领导下的工作机关，应该互相尊重，互相支持，互相配合；在思想工作中坚持教育、疏导的方针，摒弃过去一套"左"的做法；按照中央的方针认真进行整党，积累了正确处理党内矛盾的新经验；根据干部"四化"的要求调整和健全各级领导班子，实行了新老结合、梯次配备，知识结构和年龄结构有了很大改善；开展学习科学文化和培养军地两用人才工作，丰富了教育训练和政治工作的内容；军民共建社会主义精神文明，发展了我军群众工作的传统；提出"八个不准"，充实了新时期我军纪律建设的内容；开展

谈心，采用启发、研究、讨论的方式组织群众性的自我
教育，解决思想问题同解决实际问题相结合，部队教育
同家庭教育、社会教育相结合，运用现代的宣传教育手
段进行思想政治教育，改进了政治工作的方法。所有这
些，对我军建设和政治工作建设都有长远的意义。但
是，改革是一个不断实践、不断深入的过程。我军政治
工作同形势的发展还不很适应。政治教育的内容和方法
需要继续改进，干部制度和政策需要逐步完善，政治机
关的体制要继续改革，工作作风和工作方法也需要大力
改进。

我军政治工作的改革创新，必须坚持以马列主义、
毛泽东思想为指导，遵循尊重历史、立足现实、着眼未
来的方针。要继续解放思想，克服因循守旧的习惯，深
入实际，研究和解决存在的问题；要着眼于实际效果，
认真总结群众的创造，吸取现代科学的成果，学习各种
有益的经验。通过改革创新，使政治工作的制度更加健
全，内容更加丰富、生动、切合实际，方法更加灵活多
样，成效更加显著，以利于更好地适应新时期军队建设
和未来反侵略作战的要求。

五、适应新的历史条件开展政治工作。

为了贯彻落实党中央关于社会主义精神文明建设指
导方针的决议所提出的要求，贯彻我军政治工作的指导
思想，各部队要适应新时期的需要开展政治工作。

（一）加强以理想、纪律为重点的思想教育。

过去我军以劣势装备战胜优势装备的敌人，主要靠人的因素，靠有理想、有坚定信念的人。有了共同的理想和信念，也就会有铁的纪律，有坚强的团结。加强我军现代化建设，做好反侵略战争的准备，同样要依靠这样的人。否则，再好的武器装备也难以发挥应有的效用。在马列主义、毛泽东思想指导下，加强对官兵的理想纪律教育，是思想教育的首要任务。

理想纪律教育要努力实现下述三个方面的要求。一是坚定理想和信念。通过教育，使官兵认识社会发展的客观规律，懂得党的最高理想是实现共产主义，认识现阶段我国各族人民的共同理想，了解社会主义制度的优越性以及通过改革实现自我完善和发展的必要性，树立正确的世界观和人生观，坚定胜利的信心。全体官兵都要把理想同实际行动紧密结合起来，努力做好本职工作。二是培养高尚的道德。要教育官兵爱祖国，爱人民，爱劳动，爱科学，爱社会主义，养成与军队的特殊使命相适应的军人道德，即：忠于祖国，忠于人民，把国家的尊严、人民的利益看得高于一切；热爱军队，恪尽职守，处处爱护军队和集体的荣誉；服从命令，严守纪律，维护军队的坚强团结和集中统一；英勇顽强，宁死不屈，在任何情况下都保持革命气节。要大力提倡崇高的共产主义道德，共产党员和领导干部尤其要发扬大公无私、先人后己、勇于献身的精神，用模范行动影响和带动越来越多的官兵提高道德水平。三是增强纪律观念和法制观念。要教育官兵认真执行军队的条令条例，自觉遵守三大纪律八项注意。根据新的情况，全军官兵还必须严格遵守"八个不准"，即不准打骂体罚士兵，不准接受士兵的礼物，不准侵占士兵的利益，不准对士兵罚款，不准酗酒，不准赌博，不准看淫秽物品，不准弄虚作假。要教育官兵认清"八个不准"对于密切官兵关系，抵制歪风邪气，加强部队建设的重大意义；认清违反这些规定不只是思想作风问题，而是从根本上违背了建军的原则，从而提高贯彻执行的自觉性。要积极开展法制教育，使官兵知法、守法，善于运用法律维护国家、集体的利益和个人的合法权益，同各种违法犯罪行为作斗争。要加强部队的法制建设，充分发挥司法机关的职能，维护司法机关依法办事的权威。领导干部要带头遵纪守法，坚持从严治军，防止和改变管理松懈、纪律松弛的现象，同时注意防止滥施处罚。要切实做好预防违法犯罪的工作。

马列主义、毛泽东思想是指导我军现代化建设的理论基础，也是进行思想教育的根本依据。各级干部特别是领导干部，要认真学习马列著作，学习毛泽东等我国老一辈无产阶级革命家的主要著作和十一届三中全会以来党的重要文献。士兵在服役期间，也要认真学习马列主义、毛泽东思想基本理论常识。要把马克思主义基本原理教育同党的政策教育、形势教育、革命传统教育结合起来，提高官兵的思想觉悟，提高认识世界和改造世界的能力。要重视理论研究工作，用马列主义、毛泽东思想回答部队建设中提出的思想理论问题。

思想教育要贯彻理论联系实际的原则。要经常研究形势、政策和社会生活、社会思潮对部队的影响，联系官兵的现实思想，进行生动的、有说服力的教育。要区别对象，确定不同的重点和要求。要大力宣传先进模范人物，引导官兵向他们学习。要坚持用讨论、说理、批评与自我批评的方法，解决部队的思想认识问题，决不能采取压服的办法。要教育官兵正确认识和对待得与失、荣与辱、苦与乐、生与死，为国家和军队建功立业。

（二）健全和发展部队的民主生活。

实行民主制度，是我军的一项建军原则，是人民军队的本质特点之一。健全和发展民主生活，是调动官兵的积极性和创造精神，进行军队现代化建设，保证各项任务完成的重要条件。

政治民主、经济民主和军事民主，是军队民主生活的主要内容。要保障官兵政治上的民主权利，发挥官兵对部队经济生活的监督作用，在作战、训练和各项工作中发动官兵献计献策，造成浓厚的民主气氛。要建立和健全民主制度。连队应每季召开一次军人大会，团每年召开一次军人代表会议，报告工作，听取意见和建议。领导干部要养成良好的民主作风，积极采纳官兵的正确意见和合理建议，自觉接受群众的监督，不允许以任何借口对提出不同意见的同志打击报复。

我军的民主是有领导的民主。军队民主生活的一切活动，都必须有利于增强团结，加强纪律，改善领导，统一指挥，提高部队战斗力。每个官兵要正确认识民主和集中、民主和法制、自由和纪律、权利和义务的关系，发表意见、提出要求，都应该从部队建设的需要出发。无组织无纪律的行为和极端民主化，同军队建设的要求不相容，必须坚决防止和反对。

（三）培育部队的优良作风。

军队的思想作风、工作作风、战斗作风，是精神文明的具体体现，是一种无形的力量，直接关系部队的战斗力和军威。部队有了好的作风，就既能经得起严酷战争的考验，又能经得起和平环境的考验。根据部队的现实情况和我军的历史经验，需要大力培育和发扬以下优良作风：

实事求是。做任何事情都要从实际出发，注重效果，不做表面文章。汇报情况要说实话，不能只报喜不报忧。工作总结、经验介绍、典型宣传，都要反映真实情况，不能拔高掺假。

艰苦奋斗。工作上要埋头苦干，刻苦钻研，勇于开拓。生活上要廉洁奉公，克勤克俭，不事铺张，不摆阔气。要自觉抵制和反对金钱至上、唯利是图、挥霍浪费、腐化堕落的思想和行为。

联系群众。要经常倾听群众的意见和呼声，工作中要认真贯彻群众路线，反对不深入实际，不关心基层，不体察群众疾苦的官僚主义。

公道正派。用人、办事要出以公心，坚持原则。上下之间、官兵之间要真诚相待，反对各种庸俗关系，反对任何形式的拉帮结伙。

谦虚谨慎。正确认识和处理个人同组织的关系、军队同人民的关系。严格要求自己，虚心听取意见，勇于自我批评，反对居功骄傲。

团结互助。在工作和战斗中，要主动协作，互相支援。在艰苦环境和艰巨任务面前，要迎难而上，争挑重担。为了全局的需要，勇于牺牲局部和个人利益。

雷厉风行。一声令下，就立即行动，不讲价钱，不打折扣。办事要讲求效率，反对懒惰、拖拉和不负责任。

英勇顽强。要发扬勇敢战斗，不怕牺牲，不怕疲劳和连续作战的作风。无论遇到多么难以忍受的困难，都要想办法克服。无论遇到多么强大的敌人，都要有压倒他们、战胜他们的英雄气概。

培育优良作风，要靠思想教育、严格训练和制度约束，靠艰苦磨炼和点滴养成，靠领导干部作表率。领导的作风好，就能带出过硬的部队。

（四）注重科学文化教育，培养军地两用人才。

提高科学文化素质，是军队现代化建设的重要内容，也是提高官兵思想道德水平的重要条件。开展科学文化教育和培养军地两用人才，适应了国家和军队现代化建设的需要，反映了官兵好学上进、渴望成才的要求，对国家、对军队、对人民都有利。要进一步加强领导，纳入教育训练计划，实行军事训练、政治教育、科学文化教育、民用技术训练一体化。

全军都要重视组织官兵学习科学文化。科学文化教育要以军官为重点，在军官中普及高中、中专教育，有计划有步骤地开展各种类型的大专教育。已经完成大专学业的，要结合工作继续学习，不断充实知识，增长才干。对利用业余时间积极自学的，应予鼓励和支持。培养两用人才要认真贯彻"普及、坚持、提高"的方针。

士兵要在首先学好军事技术和本职业务的基础上，学会一两项民用技能；军官要学习和掌握一些生产知识、经营管理知识和其他有关知识，以便退伍、转业后在两个文明建设中发挥作用。各部队要建立培养两用人才基地，注意借助地方的力量，实行军民共育。要严格考试制度，防止单纯追求文凭和滥发证书。省军区、军分区和人武部要协同当地政府有关部门做好两用人才的开发使用工作。

（五）加强军事训练、科学研究和后勤保障中的政治工作。

加强军事训练是和平时期提高战斗力的主要途径。要教育官兵坚决贯彻中央军委关于训练的指导思想和方针原则，充分认识军事训练的重要意义，明确练兵的目的，保持高昂的练兵热情；从难、从严、从实战要求出发进行艰苦训练，培养部队良好的战斗作风，提高战术技术水平和合同作战能力，增强部队的紧急应变能力。战略预备队和战备值班部队，要做到一声令下，能立即遂行作战任务。要教育官兵严守军事秘密，爱护武器装备，防止事故。领导干部要努力学习毛泽东军事思想和现代军事科学知识，提高军事理论水平和组织指挥能力。要认真总结对越自卫还击作战中政治工作的经验，并且结合军事训练研究战时政治工作。

科学技术是部队战斗力诸因素中的重要因素。要加强军事理论和科学技术研究中的政治工作，鼓励科研人员努力学习，认真钻研，勇于探索，积极创新，善于利用国内外的先进科学成果，团结协作攻关，把自己的智慧和才能贡献给国防事业。要提倡学术自由，鼓励各种不同意见的争鸣。政治机关和管理、保障部门要增强为科研工作服务的观念，努力为科研人员创造良好的环境和条件，保证出成果，出人才。

后勤保障对军队现代化建设和现代战争的胜利有着重要作用。要通过政治工作，教育广大后勤工作人员牢固树立一切为了部队、为了未来战争需要的思想，热爱本职，精通业务，努力完成各项后勤保障任务。要教育担负生产任务的部队和人员坚持正确的生产经营方向，严格遵守国家的政策、法令和财经纪律。

（六）大力开展军民共建精神文明。

军民共建精神文明，是军队参加全国精神文明建设的主要形式，有利于密切军政军民关系，加强我军精神文明建设。在军民共建中，要宣传四项基本原则和党的方针政策，传播新的道德风尚；宣传法律知识，协助地方教育青少年，维护社会治安；传播科技知识，帮助群众丰富和改善文化生活。参加共建工作的官兵要以虚心的态度，了解所在地区、所在单位的情况，学习有关的知识和业务，有针对性地开展工作，并从中增长自己的才干。军民共建要以地方领导为主，发动群众自建为主，做思想政治工作为主。要根据部队的实际可能参加国家和地方的重点工程建设，参加社会公益事业。院校和科研单位要积极开展智力助民活动。参加国家的物质文明和精神文明建设，都要量力而行，注重实效，不图虚名。

要认真做好拥政爱民工作。部队、机关、院校不论等级多高，都要尊重当地的党委和政府。省军区、军分区要自觉接受地方党委的领导。要教育官兵自尊自爱，举止文明，尊老爱幼，为群众做好事。要奋勇参加抢险救灾，保护人民的生命，保护国家、集体和群众个人的财产。驻少数民族地区部队要严格执行党的民族政策和宗教政策，尊重当地民族的风俗习惯。要经常检查执行群众纪律的情况，发现问题及时解决。要学习人民群众的先进思想和优良品质，促进部队建设。

建设现代化的国防，必须坚持精干的常备军和强大的后备力量相结合。省军区、军分区、人武部和预备役部队要加强和改进政治工作，教育预备役部队官兵和民兵积极参加物质文明、精神文明建设和国防建设。

（七）做好基层政治工作。

连队是军队的基础。军队建设和政治工作的许多任务，都要落实到基层。加强基层，打好基础，是我军建设和提高战斗力的根本大计。连队，舰（艇）、艇中队，飞行大队以及所有基层单位的建设，都要努力达到下述目标：党支部领导坚强有力，官兵之间紧密团结，军政素质不断提高，作风纪律要求严格，物质文化生活逐步改善，各项任务圆满完成，成为朝气蓬勃、团结互助、英勇善战的坚强集体。

要努力加强党支部建设，提高解决自身问题的能力。党支部的组织要健全。党的生活制度要严格。发展党员要按照党章的规定，切实保证质量。要搞好党的教育，发挥党员的先锋模范作用。

党支部要加强对连队思想政治工作的组织领导。要及时分析连队的思想情况，研究官兵思想情绪的变化，做好经常性的思想工作，造成学赶先进、奋发向上的风气。要组织一支包括党员、班长、志愿兵和其他积极分子的思想工作骨干队伍，开展群众性的思想工作，及时发现和解决各种思想问题。要改进对共青团支部和军人委员会的领导，支持团支部根据青年的特点开展各种有益的活动，发挥团员青年的突击作用；支持军人委员会的工作，使它真正成为连队开展群众性活动的主要组织形式。

团结友爱的官兵关系，体现了我军官兵政治上的平等和根本利益的一致。要经常进行尊干爱兵的教育。军官要增强爱兵观念，提高带兵能力。要尊重士兵的人格和自尊心，理解士兵，同士兵打成一片，关心士兵的成长进步，成为他们的知心人。对待士兵的工作分配、入团入党、奖励处分、报考军校、转志愿兵、请假探家、安排退伍等，要一视同仁，不徇私情，同时做好思想工作。尊重士兵正当的业余爱好，注意发挥他们的特长。对缺点较多或有过失的士兵，要热情帮助，不得疏远和歧视。对由于各种原因形成思想疙瘩的同志，要及时做好教育、疏导工作。士兵要尊重和爱护军官，对军官有意见，要通过正常渠道和适当方式提出。任何时候都要听从指挥，服从管理，支持军官的工作，坚决执行各级指挥员的命令。这是军队性质所决定的，是军队的纪律、制度所要求的，也是一个革命军人必须自觉做到的。

改善连队的物质文化生活，是加强基层建设的一个重要方面，也是很实际的政治工作。要努力改善基层的生活设施，搞好农副业生产，改善连队伙食，绿化营区，做好卫生防病工作。要广泛开展读书活动，充分发挥电影、电视、录音、录像的作用，积极开展健康、有益的文化体育活动，丰富官兵的文化生活，陶冶情操，增强体质。

加强连队建设，必须选配好连长、指导员，并且帮助他们提高思想政策水平和工作能力。指导员要把工作重点放在党支部建设和思想工作上，要做到言教和身教相结合，在执行上级命令、指示以及在思想作风、道德品质各方面，都成为连队官兵的榜样。

（八）加强干部队伍建设。

建设现代化正规化的革命军队，关键在于培养一支以坚持正确政治方向为前提的，具有良好的军政素质和科学文化素质的干部队伍。

干部队伍和领导班子建设，要全面地正确地贯彻革命化、年轻化、知识化、专业化的方针。干部"四化"是一个有机的整体，革命化是第一位的。

要加强和改进考核、任免工作。对不同类型、不同职务的干部，要分别制订具体的考核标准，全面地历史地考察干部。考核要重干部的实际能力和工作成绩，广泛听取意见，尤其是干部所在单位群众的意见。把考核同教育、使用、奖惩结合起来，实行干部能上能下的制度。选拔、任用干部，不能限于本单位、本地区、本部门，要扩大视野，在较大范围内发现和选用优秀人才。要坚持党管干部的原则，对干部的升降、调动、退役等，必须由政治机关申报，党委集体讨论决定，不能个人说了算，反对利用职权搞不正之风。

要完善干部制度，颁发实施军官服役条例、军官军衔条例、文职干部条例、预备役军官条例，并建立和健全干部选拔、培训、考核、升降、交流、福利待遇、退役等制度。这些制度一经颁布，各级都要严格执行。要加强干部工作的计划性，做到进出平衡。

要重视干部的培养训练，全面提高干部的素质。充分发挥院校在训练、考核、推荐干部中的作用。要舍得选调好的干部办院校，舍得选送好的干部战士入院校培养，舍得把先进的技术装备配给院校，舍得为办好院校花一些钱。要贯彻"面向现代化，面向世界，面向未来"的方针，重视教员队伍建设，不断提高教学质量。要把好学员质量关，实行淘汰制。院校要加强和改进政治工作，树立好的校风，把学员培养成为合格的人才。

要在全军形成尊重知识、尊重人才的良好风尚。进一步贯彻落实知识分子政策，充分重视和发挥知识分子在军队现代化建设中的作用。

要从政治上、生活上关心和爱护干部。长期在边疆、高原、海岛、山区工作的干部，生活比较艰苦，困难较多。要教育他们热爱自己的岗位，安心工作；要采取具体政策和措施，帮助他们解决存在的实际困难；同时，要有计划地对他们进行轮训和轮换。离退休的干部，在长期斗争中为人民的事业做出了贡献，要支持和鼓励他们为社会主义事业做些力所能及的工作，关心他们的精神生活和物质生活，使他们安度晚年。

六、改进政治机关工作，提高政治干部素质。

政治机关和政治干部是政治工作的组织者、实施者。建立和提高政治工作的威信，主要靠政治机关、政治干部贯彻党的路线，保持良好作风，做出优异成绩，发挥模范作用。

政治机关要加强自身的思想建设、组织建设和业务建设，树立领导就是服务、机关要为部队服务的思想，发扬重调查、多研究、讲真话、办实事的好作风。

所有政治机关，都要模范地执行上级指示和同级党委的决议，认真履行自己的职责。要克服飘浮作风，经常深入实际，不仅要及时发现问题，更重要的是提出办法，解决问题。要减少会议和文件，多深入下层，尤其要多去偏远、分散以及问题和困难较多的单位帮助工作。旅、团政治机关要经常同基层干部共同研究情况，就地解决问题。要形成学习和探讨的空气，开展政治工作研究，增强工作的预见性，为部队建设和政治工作建设提供理论依据和决策依据。要加强对政治工作研究的组织领导，推广优秀的研究成果。

政治机关要正确行使职权，尊重下级机关和基层应有的权力，不要包揽一切。布置工作应给下面以必需的机动权，不要统得过死，不要给基层造成忙乱。政治机关和军事、后勤、科技机关，政治机关各业务部门，要加强协调，防止政出多门和互相推诿扯皮。

军队的文学、艺术，新闻、出版事业，是我军思想文化建设的重要方面。政治机关要按照这些工作自身的规律，正确实施思想领导和业务指导，既不乱加干预，又不放任自流。要引导文艺、新闻、出版工作者坚持为部队服务，为人民服务，为社会主义服务，贯彻党和国家的方针政策，注重社会效果，努力提高精神产品的质量；深入部队，深入生活，向广大官兵学习，积极反映部队蓬勃前进的新生活，宣传新的事物和先进人物，用自己优秀的劳动成果，鼓舞士气，提高部队战斗力，激励全军官兵同心同德为保卫祖国、建设祖国而奋斗。

提高政治干部队伍素质，是加强和改进政治工作的重要一环。政治干部要热爱政治工作，讲原则，懂政策，善于团结同志，熟悉本职业务；要掌握一定的军事知识和相关的业务知识，以便同军事、业务干部有共同语言，使政治工作同其他工作紧密结合，真正发挥"服务"、"保证"作用；要言行一致，要求别人做到的自己首先努力做到，要求别人不做的自己首先不做，为官兵做出表率。政治机关对政治干部的学习和提高，要作出规划。要有计划地选送政治干部入校培训。要加强政治干部的在职培养，通过各种方式，进行政治工作的专业训练。

政治工作是党的工作，也是群众性的工作，所有部门、全体军官和共产党员都要做政治工作。各级党委要加强对政治工作的领导，关心政治机关和政治干部队伍的建设，注意研究和解决政治工作中的重要问题。

七、各级党委要成为部队统一领导和团结的坚强核心。

把各级党委建设成为部队统一领导和团结的坚强核心，对于坚持军队建设的正确方向，加强和改进政治工作，完成党和国家赋予我军的任务，具有决定性的意义。

各级党委特别是军以上党委，要以主要精力抓方针政策问题，抓党的建设和思想政治工作。要善于运用马克思主义的立场、观点和方法，研究和解决部队建设中的问题。对党和国家的方针政策，对军委和上级的指示，要结合本单位的实际创造性地贯彻执行。

要坚持民主集中制。重大问题除遇紧急情况外，必须经党委集体讨论，充分发扬民主，按照少数服从多数的原则作出决定。书记要摆正同委员的关系，发挥集体智慧，不得个人专断。对党委的决定，所有委员都必须严格执行。

党委统一的集体领导下的首长分工负责制，是党对军队领导的根本制度。党委对部队的各项建设要统一领导，统筹安排。党委作出决定以后，属于军事方面的工作由军事主官负责组织实施，属于政治方面的工作由政治主官负责组织实施，副职对主官负责。军政主官要各司其职，独立负责地处理职权范围内的问题。既不能个人决定重大问题，也不能事无巨细都要集体讨论，以党委代替行政领导。

要提高党内生活的思想性、原则性，增强党委的团结。党委方向明确，思想统一，团结一致，才能实施正确有效、坚强有力的领导，带领部队齐心协力完成任务。党委的团结，最重要的是正副书记要在坚持原则的基础上互相尊重，互相支持。要严格党的生活制度，经常交心通气，正确开展批评和自我批评，正确处理思想认识上和工作中出现的各种矛盾。党委成员在大的是非面前要坚持原则，旗帜鲜明，对错误的东西敢于批评和抵制，不能姑息迁就。

要严格党的纪律，加强党风建设。经过整党，军队的党风有了显著进步，但反对不正之风是长期的任务，要坚决持久地进行下去。要把整党和端正党风中创造的好经验运用到党的建设中来。各级党委成员都要增强党性，严以律己，以党规党纪为行动的准则。要建立健全党内监督制度和群众监督制度，使党员领导干部得到有效的监督。各级党委和党的纪律检查委员会，要经常检查党组织和党员遵守党纪的情况。党委要加强对纪检工作的领导，支持纪检部门的工作。纪检部门和纪检干部要勇于同违反党纪和败坏党风的现象作斗争。

中央军委坚信，各级党委、政治机关和全体官兵认真贯彻执行党中央关于军队建设和政治工作的方针、指示，贯彻落实本决定的各项要求，团结一致，锐意改革，开拓前进，一定能够把我军政治工作提高到一个新的水平，建设一支强大的现代化正规化的革命军队，为保卫和建设伟大的社会主义祖国，为完成祖国统一大业，为维护世界和平，做出新的贡献。

在接见首都戒严部队 军以上干部时的讲话

（一九八九年六月九日）

邓 小 平

同志们辛苦了！

首先，我对在这场斗争中英勇牺牲的解放军指战员、武警指战员和公安干警的同志们表示沉痛的哀悼！对在这场斗争中负伤的几千名解放军指战员、武警指战员和公安干警的同志们表示亲切的慰问！对所有参加这场斗争的解放军指战员、武警指战员和公安干警的同志们致以亲切的问候！

我提议，大家起立，为死难的烈士们默哀！

利用这个机会，我讲几句话。

这场风波迟早要来。这是国际的大气候和中国自己的小气候所决定了的，是一定要来的，是不以人们的意志为转移的，只不过是迟早的问题，大小的问题。而现在来，对我们比较有利。最有利的是，我们有一大批老同志健在，他们经历的风波多，懂得事情的利害关系，他们是支持对暴乱采取坚决行动的。虽然有一些同志一时还不理解，但最终是会理解的，会支持中央这个决定的。

《人民日报》四月二十六日社论，把问题的性质定为动乱。"动乱"这两个字恰如其分，一些人反对的就是这两个字，要修改的也是这两个字。实践证明，这个判断是准确的。后来事态进一步发展到反革命暴乱，也是必然的。我们有一批老同志健在，包括军队，也有一批各个时期参加革命的骨干还在，因此，事情现在爆发，处理起来比较容易。处理这一事件的主要难点在于，我们从来没有遇到过这种情况，一小撮坏人混杂在那么多青年学生和围观的群众中间，阵线一时分不清楚，使我们许多应该采取的行动难以出手。如果没有我们党这么多老同志支持，甚至连事件的性质都难以确定。一些同志不了解问题的性质，认为这只是单纯的对待群众的问题，实际上，对方不只是一些是非不分的群众，还有一批造反派和大量的社会渣滓。他们是要颠覆我们的国家，颠覆我们的党，这是问题的实质。不懂得这个根本问题，就是性质不清楚。我相信，经过认真做工作，能取得党内绝大多数同志对定性和处理的拥护。

事情一爆发出来，就很明确。他们的根本口号主要是两个，一是要打倒共产党，一是要推翻社会主义制度。他们的目的是要建立一个完全西方附庸化的资产阶级共和国。人民要求反腐败，我们当然接受。那些别有用心的人提出的所谓反腐败的口号，我们也要当好话来接受。当然，这个口号仅仅是他们的一个陪衬，而其核心是打倒共产党，推翻社会主义制度。

这次平息暴乱中，我们那么多同志负了伤，甚至牺牲了，武器也被抢去了，这是为什么？也是因为好人坏人混杂在一起，使我们有些应该采取的断然措施难于出手。处理这件事对我们军队是一次很严峻的政治考验，实践证明，我们的解放军考试合格。如果用坦克压过去，就会在全国造成是非不清。所以，我要感谢解放军指战员用这种态度来对待暴乱事件。尽管损失是令人痛心的，但可以赢得人民，使是非不明的人改变观点。让大家看看，解放军究竟是什么人，有没有血洗天安门，流血的到底是谁。这个问题清楚了，就使我们取得了主动。虽然牺牲了许多同志非常令人痛心，但客观地分析事件的过程，人们就不得不承认，解放军是人民的子弟兵。这也有助于人民理解在这场斗争中我们所采取的方法，今后解放军遇到问题，采取措施，就都可以得到人民的支持了。这里顺便说一下，以后再不能让人把武器夺去了。总之，这是一个考验，考试是合格的。虽然军队里老同志不是很多了，战士们大都是十八九岁、二十岁出头的娃娃，但他们仍然是真正的人民子弟兵。在生命危险面前，他们没有忘记人民，没有忘记党的教导，没有忘记国家利益，面对死亡毫不含糊。慷慨赴死，从容就义，他们当之无愧。我讲考试合格，就是指军队仍然是人民子弟兵，这个性质合格。这个军队还是我们的老红军的传统。这次过的是真正的政治关、生死关，不容易呀！这表明，人民子弟兵真正是党和国家的钢铁长城。这表明，不管我们受到多么大的损失，不管如何更新换代，我们这个军队永远是党领导下的军队，永远是国家的捍卫者，永远是社会主义的捍卫者，永远是人民利益的捍卫者，是最可爱的人！同时，我们永远也不要忘记，我们的敌人是多么凶残，对他们，连百分之一的原谅都不应有。

这次事件爆发出来，很值得我们思索，促使我们很冷静地考虑一下过去，也考虑一下未来。也许这件坏事会使我们改革开放的步子迈得更稳、更好，甚至于更快，使我们的失误纠正得更快，使我们的长处发扬得更好。今天我不可能展开来讲，只是提出课题。

第一个问题，党的十一届三中全会制定的路线、方针、政策，包括我们发展战略的"三部曲"，正确不正确？是不是因为发生了这次动乱，我们制定的路线、方针、政策的正确性就发生问题？我们的目标是不是一个"左"的目标？是否还要继续用它作为我们今后奋斗的目标？这些大的问题，必须作出明确、肯定的回答。我们第一个翻一番的目标已经完成了，第二个翻一番的目标计划用十二年完成，再往后五十年，达到一个中等发达国家的水平。这就是我们的战略目标。对此，我想我们做出的不是一个"左"的判断，制定的也不是一个过急的目标。因此，对第一个问题的回答，应当说，我们所制定的战略目标，现在至少不能说是失败的。在六十一年后，一个十五亿人口的国家，达到中等发达国家的水平，是了不起的事情。实现这样一个目标，应该是能够做到的。不能因为这次事件的发生，就说我们的战略目标错了。

第二个问题，党的十三大概括的"一个中心、两个基本点"对不对？两个基本点，即四个坚持和改革开放，是不是错了？我最近总在想这个问题。我们没有错。四个坚持本身没有错，如果说有错误的话，就是坚持四项基本原则还不够一贯，没有把它作为基本思想来教育人民，教育学生，教育全体干部和共产党员。这次事件的性质，就是资产阶级自由化和四个坚持的对立。四个坚持、思想政治工作、反对资产阶级自由化、反对精神污染，我们不是没有讲，而是缺乏一贯性，没有行动，甚至讲得都很少。不是错在四个坚持本身，而是错在坚持得不够一贯，教育和思想政治工作太差。一九八〇年元旦，我在政协讲话，讲了"四个保证"，其中有一条叫"艰苦奋斗的创业精神"。艰苦奋斗是我们的传统，艰苦朴素的教育今后要抓紧，一直要抓六十至七十年。我们的国家越发展，越要抓艰苦创业。提倡艰苦创业精神，也有助于克服腐败现象。建国以来我们一直在讲艰苦创业，后来日子稍微好一点，就提倡高消费，于是，各方面的浪费现象蔓延，加上思想政治工作薄弱、法制不健全，什么违法乱纪和腐败现象等等，都出来了。我对外国人讲，十年最大的失误是教育，这里我主要是讲思想政治教育，不单纯是对学校、青年学生，是泛指对人民的教育。对于艰苦创业，对于中国是个什么样的国家，将要变成一个什么样的国家，这种教育都很少，这是我们很大的失误。

改革开放这个基本点错了没有？没有错。没有改革开放，怎么会有今天？这十年人民生活水平有较大提高，应该说我们上了一个台阶，尽管出现了通货膨胀等问题，但十年改革开放的成绩要充分估计够。当然，改革开放必然会有西方的许多坏的影响进来，对此，我们从来没有估计不足。八十年代初建立经济特区时，我与广东同志谈，要两手抓，一手要抓改革开放，一手要抓严厉打击经济犯罪，包括抓思想政治工作。就是两点论。但今天回头来看，出现了明显的不足，一手比较硬，一手比较软。一硬一软不相称，配合得不好。讲这点，可能对我们以后制定方针政策有好处。还有，我们要继续坚持计划经济与市场调节相结合，这个不能改。实际工作中，在调整时期，我们可以加强或者多一点计划性，而在另一个时候多一点市场调节，搞得更灵活一些。以后还是计划经济与市场调节相结合。重要的是，切不要把中国搞成一个关闭性的国家。实行关闭政策的做法对我们极为不利，连信息都不灵通。现在不是讲信息重要吗？确实很重要。做管理工作的人没有信息，就是鼻子不通，耳目不灵。再是绝不能重复回到过去那样，把经济搞得死死的。我提出的这个建议，请常委研究。这也是个比较急迫的问题，总要接触的问题。

这是总结我们过去十年。我们的一些基本提法，从发展战略到方针政策，包括改革开放，都是对的。要说不够，就是改革开放得还不够。我们在改革中遇到的难题比在开放中遇到的难题要多。在政治体制改革方面有一点可以肯定，就是我们要坚持实行人民代表大会的制度，而不是美国式的三权鼎立制度。实际上，西方国家也并不都是实行三权鼎立式的制度。美国骂我们镇压学生，他们处理国内学潮和骚乱，还不是出动了警察和军队，还不是抓人、流血？他们是镇压学生和人民，而我们则是平息反革命暴乱。他们有什么资格批评我们！今后，在处理这类问题的时候，倒是要注意，一个动态出现，不要使它蔓延。

以后我们怎么办？我说，我们原来制定的基本路线、方针、政策，照样干下去，坚定不移地干下去。除了个别语言有的需要变动一下，基本路线和基本方针、政策都不变。这个问题已经提出来了，请大家认真考虑一下。至于一些做法，如投资方向、资金使用方向等，我赞成加强基础工业和农业。基础工业，无非是原材料工业、交通、能源等，要加强这方面的投资，要坚持十到二十年，宁肯欠债，也要加强。这也是开放，在这方面，胆子要大一些，不会有大的失误。多搞一点电，多搞一点铁路、公路、航运，能办很多事情。钢，外国人判断我们将来需要一亿二千万吨，现在我们接近六千万吨，还差一半。如果在现有企业的基础上加以改造，增加两千万吨，就可少进口钢材。借点外债用在这些方面，也叫改革开放。现在的问题不是改革开放政策对不对，搞不搞，而是如何搞，开哪方面，关哪方面。

　　要坚定不移地执行党的十一届三中全会以来制定的一系列路线、方针、政策，要认真总结经验，对的要继续坚持，失误的要纠正，不足的要加点劲。总之，要总结现在，看到未来。

　　利用这个机会，我就讲这一点。

会见参加中央军委扩大会议
全体同志时的讲话

（一九八九年十一月十二日）

邓　小　平

　　最近一段时间，我讲的话很多了，没有新的话要讲了。但是，在我离开军委领导岗位的时候，也应该跟大家讲点话。我的话很短。

　　我确信，我们的军队能够始终不渝地坚持自己的性质。这个性质是，党的军队，人民的军队，社会主义国家的军队。这与世界各国的军队不同。就是与别的社会主义国家的军队也不同，因为他们的军队与我们的军队经历不同。我们的军队始终要忠于党，忠于人民，忠于国家，忠于社会主义。我确信，我们的军队能够做到这一点，几十年的考验证明军队能够履行自己的责任。

　　再一点就是，军委领导更换了人。我认为，确定以江泽民同志为核心的党中央，是我们全党做出的正确的选择。江泽民同志是合格的军委主席，因为他是合格的党的总书记。希望大家在以江泽民同志为核心的党中央的领导下，在以他为主席的中央军委的领导下，把我们军队建设得更好，为捍卫我们国家的独立和主权，捍卫我们国家的社会主义事业，捍卫我们党的十一届三中全会以来制定的一系列路线、方针、政策，做出更多更大的贡献。

我虽然离开了军队，并且退休了，但是我还是关注我们党的事业，关注国家的事业，关注军队的前景。

谢谢大家。

部队要做到政治合格、军事过硬、作风优良、纪律严明、保障有力[*]

（一九九〇年十二月一日）

江 泽 民

　　搞好军事工作和提高部队战斗力，与军队完成各项任务的关系是很直接、很紧密的，与国家安危和社会稳定也是息息相关的。军队是搞军事的，军事工作是军队一个最基本的实践活动，是最能体现军队特征的。今后的十年，是我国社会主义事业发展的一个关键时期，能不能保证国民经济持续稳定协调发展，能不能实现国民生产总值再翻一番、人民生活达到小康水平，很重要的就是要有一个安定团结的局面，要有一个安全稳定的内外环境。创造这个环境，一方面要依靠我们的政治、经济、外交工作，另一方面要依靠我们的军队。军事工作做得好坏，关系到国家的安危兴衰，责任十分重大。我们军队的同志，不管是做政治工作的，还是做军事工作

----

　　* 这是江泽民同志在全军军事工作会议上讲话的一部分。

的，都要懂得军事工作的重要性，知道肩上担子的分量，自觉从国家安全稳定的根本利益出发，兢兢业业、完全负责地把军事工作做好，把党和国家交给的各项任务完成好。

军队是钢铁长城。要把我们军队搞好，首先要搞好基层。过去说"支部建在连上"。部队一定要抓好基层建设。我看部队抓两头很重要，一个是基层连队，一个是领导机关。领导机关要以身作则，雷厉风行，讲究效率。军事机关特别要讲究效率，动作迅速、果断、准确。领导机关抓好了，基层连队抓好了，抓两头带中间，整个部队就能立于不败之地，可以攻无不克、战无不胜。

抓部队建设，最根本的是要把思想政治工作做好。如果哪些地方有思想松散的现象，要及时解决克服。要加强组织纪律性，保证部队集中统一。越是改革开放，越要加强思想政治工作。不能把改革开放与加强思想政治工作看成是矛盾的，它们是辩证统一的。

我们部队的建设要有利于稳定，有利于改革开放。为了治理松散，促进部队稳定，军事工作要重点抓紧抓好部队的管理和训练。严格管理，严格训练，这是毛泽东同志、邓小平同志历来强调的一项重要建军原则。对地方工作来说，不管是企业，不管是农村，都有一个加强管理、提高效率的问题。部队也一样，严格管理搞好了，是出战斗力的。越是管理得好、要求得严，部队的战斗力就越高。这两年，我们的军事工作在法规制度的建立健全、条令条例的贯彻实行、军风军纪的整顿方面，都作了很大努力。如果我们继续抓下去，就会取得很大成绩。我们抓军队管理的中心环节，除了抓基层建设以外，还要把干部抓好。因为什么事情都要通过干部去贯彻，所以要抓干部的责任心、事业心。干部是带头的。干部带好头，战士就会跟着走。要求战士做到的，干部首先要做到。俗话说："己不正，焉能正人。""上梁不正下梁歪，中梁不正倒下来。"领导带头、以身作则是十分重要的。总之，解决部队的管理问题，要从教育干部入手，增强干部的责任心和模范带头作用。要强调一级抓一级，一级带一级，一级给一级做好样子。首先从基层抓，连队里有党支部，有连长、指导员、排长，排长底下有班长，这些人在连队都要作出榜样。

军事训练是部队平时培养作风、提高军事素质、增强战斗力的一个主要手段。要把军事训练切实摆在战略位置。不打仗，又不训练，久而久之就会成为"老爷兵"了。因此，要下功夫抓好训练，保证落实。部队训练和不训练大不一样，训练严格和不严格也不一样。多年的经验告诉我们，训练落实抓不好，部队的组织纪律必然松散，思想作风就涣散，消极因素就增多。部队要做到政治合格、军事过硬、作风优良、纪律严明、保障有力，都需要进行严格的军事训练。当然，我们切不可搞单纯军事观点，片面地看待训练。抓好军事训练，不能单靠军事部门，还要靠强有力的思想政治工作。要把军事训练作为部队一项经常性的中心工作来抓好。抓不抓训练、能不能抓好训练，是一名军事领导干部是否有负责态度的表现，也是有没有工作能力的重要表现。必须会管理部队，会组织训练，会做思想政治工作。工作要越抓越实，不能浮在表面。军事训练也好，整个军事工作也好，都应该抓实。只有抓实，才能抓出效果。

国际形势和军事战略方针[*]

（一九九三年一月十三日）

江 泽 民

这次军委扩大会议，是党的十四大之后新的中央军事委员会召开的一次非常重要的会议。这次会议主要是学习贯彻党的十四大精神和邓小平同志关于新时期军队建设的思想，研究在新的国际形势下我们需要确定的军事战略方针，同时部署今年军队的工作。关于军事战略方针问题，党的十四大之后，军委、总部多次进行了研究。今天，我代表军委来讲一讲。

一、关于国际形势

当今世界正处于大变动的历史时期。总的看来，目前国际形势对我国发展是有利的。首先，在今后一个较长时期内，争取和平的国际环境，避免新的世界大战，是有可能的。这是一个非常重要的战略判断，是我们集

---

* 这是江泽民同志在中央军委扩大会议上讲话的主要部分。

中精力进行经济建设的大前提。大家知道，战争与和平的矛盾及其相互转化，取决于战争与和平两种力量的对比及消长。早在七十年代后期至八十年代中期，邓小平同志就以战略家的远见卓识，创造性地运用马克思主义的立场、观点、方法，准确划清了战争与和平两种力量的界限，并通过对这两种力量矛盾运动的辩证考察，科学地预见到国际形势的发展趋势，指出霸权主义是当代战争的总根源，提出了战争的危险虽然存在，但如果工作做得好，战争是可以延缓的著名论断。当时，邓小平同志作出这个论断总的依据就是"世界和平力量的增长超过战争力量的增长"。同时，他还精辟地阐明了在制止战争、维护和平的努力中依靠谁、团结谁、反对谁的问题。现在，回过头来看，邓小平同志确实是高瞻远瞩。随着苏联解体、两极格局的终结，邓小平同志的这个基本估计，可以看得更清楚了。世界正朝着多极化方向发展，国际上相互制衡的因素增多，和平力量进一步增长。

其次，在新格局的形成过程中，世界各种矛盾都在深入发展，各种力量正在重新分化组合，各种重大战略关系也在调整变化。由于资本主义经济政治发展不平衡的规律继续起作用，西方国家内部及相互之间的矛盾日趋暴露和上升，内外难题不断增加。这就为我们在国际斗争中运筹帷幄、纵横捭阖，创造了许多新的机会。只要我们善于把握好一些大的战略关系，善于利用一些重要矛盾，就能够灵活应付、举措自如，适应国际局势的发展，进一步提高我国的国际地位。

再次，与世界其他地区相比，亚太地区形势保持了相对稳定，各国的经济联系和合作日趋紧密，原有的热点问题已经或正在实现政治解决。我国周边安全环境不断得到改善，同周边国家的睦邻友好关系处于建国以来最好的时期。

以上这些条件和因素，为我们集中精力发展国民经济提供了一个比较好的外部环境。正如邓小平同志所指出的，国际环境有利，国内条件具备，是我们加快发展的好时机。我们一定要珍惜和抓住当前的有利时机，进一步解放思想、实事求是，团结奋进、真抓实干，加快改革开放和现代化建设的步伐，争取建设有中国特色社会主义事业的新胜利。

在看到国际形势对我们有利的一面时，也要看到对我们不利甚至严峻的一面，切不可轻视国际形势中的动荡因素。特别是我们党和军队的高级干部，对此应该有清醒的认识。必须看到，当今世界并不安宁，世界各国人民长期关注并为之奋斗的和平与发展这两大问题，一个也没有解决。邓小平同志深刻指出："我希望冷战结束，但现在我感到失望。可能是一个冷战结束了，另外两个冷战又已经开始。"国际形势的发展，证明了邓小平同志的预见是完全正确的。目前，世界社会主义处于低潮，国际敌对势力对社会主义国家加紧了渗透、颠覆活动。对此，我们要保持警惕，决不可掉以轻心。霸权主义和强权政治已成为世界和平与发展的主要障碍。过去一直被美苏对抗掩盖下的一些民族矛盾、宗教纷争和领土争端也日益突出起来，不断酿成流血冲突和局部战争，并有蔓延之势。国际军事斗争也很复杂，虽然军控和裁军谈判取得了一些进展，但军备竞赛正向高新技术领域转移，这将对国际和亚太地区军事斗争形势产生不可低估的影响。

虽然新的世界大战和针对我国的全面战争在较长时期内打不起来，但诱发局部战争、武装冲突和国内局部社会动乱的因素仍然存在。虽然以经济和科技实力为基础的综合国力竞争成为国际斗争的主导方面，但军事手段仍然起重要作用。虽然祖国统一大业的工作不断取得进展，但也出现了一些新的复杂因素。在这样一个风云变幻、错综复杂的国际环境里，我们必须善于全面地而不是片面地、发展地而不是静止地、联系地而不是孤立地去观察和思考问题，从而在纷繁复杂的形势中把握住本质的东西，抓住主要矛盾和矛盾的主要方面，实事求是地对我们可能面临的威胁的性质、程度和方式作出准确的判断。

总之，我们要充分估计有利因素，抓住难得的时机，加强对外工作和对外交往，扩大我国在国际社会的回旋余地，增强处理国际事务的主动权，为国内发展创造更好的外部条件，以利于我们加快改革开放和现代化建设的步伐，集中力量把国民经济搞上去，不断提高我国的综合国力。这是保证国家长治久安、巩固和发展建设有中国特色社会主义事业的根本所在。同时，我们又要清醒地正视不利因素，加强研究，精心筹划，正确决策，扎实工作，力争变不利为有利，做到有备无患。不能因为国际形势有利于我们的东西不少，就盲目乐观，麻痹大意，放松必要的警惕；也不能因为还存在不利于我们的东西，就把国际形势看得过于严重，盲目紧张，好像兵临城下、草木皆兵了，甚至因此而动摇集中力量搞经济建设的决心。这些显然都是不正确的，也是不符合客观实际的。可以这样说，当前国际形势对我们有利的一面还是主要的。只要我们坚持按照邓小平同志所说的，冷静观察、沉着应付、绝不当头、有所作为，抓住国际形势对发展我国经济有利的机遇，一心一意把国内的事情办好，我们就能从容应对各种复杂局面，始终立于不败之地。

通观我国的安全环境，可以看出，不论是政治问题还是经济问题，不论是外部军事威胁还是完成祖国统一的障碍问题和国内不稳定因素，大都直接或间接地同霸权主义和强权政治有关，大都可以看到霸权主义和强权政治的影子。对此，我们在战略上必须深谋远虑。对损害我们民族利益和国家主权的行为要坚决进行斗争。当然，斗争的方法要灵活掌握。

二、关于军事战略方针

一个国家，一个民族，要生存和发展，要在激烈竞争的国际环境中站稳脚跟，就不能没有正确的军事战略方针。在当前复杂多变的国际形势下，为了掌握战略主动，我们必须确立正确的军事战略方针。

建国以来，我军一直实行积极防御的军事战略方针。在新的历史条件下，究竟应该实行什么样的军事战略方针呢？我们认为，还是要继续坚持实行积极防御的军事战略方针。现在，继续实行积极防御的军事战略方针，是继承我军的传统，也符合我们的国情、军情，有利于在政治上、外交上保持主动。同时，随着形势的发展变化，应该适时赋予积极防御的军事战略方针以新的内容。

根据当前国际形势和军事斗争形势的发展变化，以及我们的国情、军情，军委认为，今后一个时期我们实行积极防御的军事战略方针，应该充分体现以下这样一些主要精神。

第一，必须坚持以毛泽东军事思想、邓小平同志关于新时期军队建设的思想为根本指导。

这是新形势下实行积极防御的军事战略方针的理论基石和思想基础。毛泽东军事思想，是马克思主义军事学说同中国革命军事斗争实践相结合的产物，是集古今中外优秀军事思想之大成的军事科学体系。我军光辉的历史告诉我们，毛泽东军事思想是我军的立军之本和制胜法宝。邓小平同志是我国社会主义改革开放和现代化建设的总设计师，也是新时期我军建设和改革的总设计师。他在设计整个国家改革开放和经济建设的同时，还规划了新时期军队建设的蓝图。七十年代以来，他创造性地运用马克思主义的立场、观点、方法，以敏锐的战略眼光、求实的科学态度和伟大的胆略，对当今世界的战争与和平问题、积极防御的战略方针问题、进行现代条件下的人民战争问题等，作了一系列科学论述，系统地提出了新时期军队建设的目标、任务和方针原则，回答了建设有中国特色的现代化、正规化的革命军队的一系列重大问题。针对近几年的国际风云变幻，邓小平同志提出了冷静观察、沉着应付、绝不当头、有所作为的重要方针，为我们党和国家制定新的政策和策略提供了依据，同时也为加强军队建设和提高军事斗争指导艺术指明了方向。邓小平同志关于新时期军队建设的思想，作为建设有中国特色社会主义理论的重要组成部分，创造性地继承和发展了毛泽东军事思想，不仅揭示了新时期军队建设和军事斗争的基本规律，而且为我们提供了正确认识和解决新时期军队建设和军事斗争问题的立场、观点、方法。这是十几年来我军所以能够在保卫国家安全和加强革命化、现代化、正规化建设中取得巨大成就的根本原因。实践证明，坚持以邓小平同志关于新时期军队建设的思想为指导，是我军建设沿着正确的方向不断发展、夺取新的更大胜利的重要保证。

在新的形势下，继续实行积极防御的军事战略方针，最根本的是要坚持以邓小平同志关于新时期军队建设的思想为指导，扎扎实实建设军队，确保我军永远沿着建设有中国特色的现代化、正规化的革命军队的道路走下去，确保我军在错综复杂的斗争中不断从胜利走向胜利。全军同志尤其是高级干部要努力学习和深刻领会邓小平同志的战略思想和理论观点，在军队建设和军事斗争中认认真真地贯彻落实。同时，还要努力学习邓小平同志运用马克思主义的立场、观点、方法，研究和解决军队建设、军事斗争问题的科学态度和创造精神，解放思想、实事求是，及时妥善地处理军队建设和军事斗争面临的新问题，不断提高我军的战斗力，努力把我军建设成为政治合格、军事过硬、作风优良、纪律严明、保障有力的现代化、正规化的革命军队。

第二，必须服从和服务于国家的发展战略。

军事战略方针从来是为实现国家战略目标服务的。党的十一届三中全会以来，在邓小平同志指导下，我们党制定了"一个中心、两个基本点"的基本路线，形成了建设有中国特色社会主义理论。党的十四大全面总结了改革开放十四年的基本经验，确定了我国今后一个时期发展的战略部署。我们要在九十年代初步建立起社会主义市场经济体制，实现全国人民生活达到小康水平的第二步发展目标；到建党一百周年的时候，在各方面形成一整套更加成熟更加定型的制度；到下世纪中叶建国一百周年的时候，达到第三步发展目标，基本实现社会主义现代化。这是关系国家和民族根本利益的大局，全党全军全国都要服从和服务于这个大局，为实现国家的宏伟目标努力奋斗。在新的形势下，我们实行积极防御的军事战略方针，就是要在复杂多变的国际环境中，坚持从国家的大局出发，精心指导军队建设和军事斗争，与政治、外交密切协调，充分发挥我军在保卫国家安全、维护祖国统一和社会稳定、支援社会主义现代化建设中的重要作用，为改革开放和经济发展提供坚强有力的安全保证，使军队建设和军事斗争更好地为实现国家的战略目标服务。

第三，必须把未来军事斗争准备的基点放在打赢可能发生的现代技术特别是高技术条件下的局部战争上。

进入八十年代以来，世界范围的高技术竞争日趋激烈。现在，各国都在调整自己的发展战略，把发展现代技术尤其是高技术作为增强综合国力和国防实力的关键措施，力争掌握战略主动。海湾战争的事实说明，随着高技术在军事领域的运用，武器的打击精度、作战强度空前提高，突然性、立体性、机动性、快速性和纵深打击的特点十分突出，拥有高技术优势的一方明显地掌握着更多的战场主动权。在当今世界上，一个国家如果不随着经济社会发展努力增强国防实力，提高军队的素质和武器装备水平，在现代技术尤其是高技术条件下的作战能力不强，一旦战争发生，往往陷于被动挨打的地位，国家利益、民族尊严和国际威望就要受到极大损害。正因为如此，现在世界上许多国家都在调整军事战略，以适应国际形势和军事斗争形势发展的需要。

随着世界高技术军备竞赛的发展，今后一旦发生局部战争，一开始就很有可能是高技术对抗。这种可能性，我们不能低估，更不能不估计到。尤其在台湾问题上，如果一旦发生重大"台独"事变，那我们为了维护祖国统一和保卫国家主权，就不能不在军事上对"台独"采取断然措施。当然，如果我们工作做得好，这种对抗是有可能防止和避免的。军事斗争的规律就是这样，你准备好了，它就不敢动。天下风云突变，古已有之。在当今这个世事多变、很不安宁的世界上，尤其为烈，什么复杂的局面都有可能出现。我们的估计和准备宁可复杂一点，宁可多几手，以备万一发生的不测之需。为了国家的长远利益，我们在外交上还是要坚持多做工作，经济上还是要坚持互利合作，而在军事上则应该居安思危，防患于未然，逐步做好必要的应变准备。历史经验证明，军事上准备越充分，战略上越主动，安全越有保证。我们在充分看到形势有利的同时，又看到形势严峻的一面，在坚持以经济建设为中心的前提下，对可能出现的复杂情况做好必要的准备，有利于从根本上保障国家改革开放和经济建设顺利进行。

做好打赢一场现代技术特别是高技术条件下的局部战争的准备，正是为了尽可能防止和避免这种战争，也是确保一旦发生这种战争我们能够夺取胜利的根本性措施。我们在战略指导上，早已从立足于准备早打、大打、打核战争转到了重点准备应付局部战争上来。现在，根据国际形势的发展变化，我们要重点准备应付现代技术特别是高技术条件下的局部战争。这是我军战略指导思想的进一步发展和完善。

准备打赢现代技术特别是高技术条件下的局部战争，这个要求是很高的。当前，我们要达到这个要求还有很多困难，有资金上的困难，也有技术上的困难。但是，客观形势的发展迫使我们要高度重视这个问题。我们应该从长计议，下决心朝这个方向努力。当然，我们不是要一口吃成一个胖子，而是要把打赢现代技术特别是高技术条件下的局部战争作为军事斗争准备的长期目标，在服从国家经济建设大局的前提下，根据国力的可能，逐步有重点地加强建设，特别是首先要加强对国外高技术在军事上运用情况的了解、学习、研究和借鉴。争取通过较长一个时期的努力，使我们的作战思想、国防科技、武器装备、体制编制、教育训练、政治工作和后勤保障等各个方面，适应未来我军在现代技术特别是高技术条件下的作战需要，为未来我们掌握国家安全和发展的战略主动创造更为有利的条件。

　　毫无疑问，我们在做好打赢现代技术特别是高技术条件下的局部战争的准备时，也要充分估计到我们现实的经济实力和综合国力条件。在短时间内，我们是难以赶上西方发达国家的现代军事技术和装备水平的。要不断鼓舞我军广大干部战士的士气，不断提高他们的思想、政治、纪律和军事素质。即使武器不比别人强，但在精神上、气势上要发挥我们的优势。我们准备打的是保卫国家主权和人民安全的反侵略战争，有天时、地利、人和的条件，有战争正义性的条件，加上一整套适应现代条件下作战的人民战争的战略战术，综合发挥这些优势，就可以弥补武器装备的不足，战胜任何来犯的强敌。就是到了将来，随着我国经济的发展和国力的增强，我们的军事技术和装备水平与先进水平的差距缩小了，我们仍然要坚持人民战争，坚持发扬我军的一系列传统优势，坚持运用马克思主义的历史唯物主义观点，正确处理好人的因素和武器因素的辩证统一关系。这样，我军就能够应付各种复杂的军事斗争局面，始终立于不败之地。

　　第四，必须实施灵活正确的战略指导。

　　建国以来，我们历次确定军事战略方针时，曾经提出过很多好的战略指导思想和原则。比如，坚持战略上后发制人，坚持人民战争，立足现有装备战胜敌人，立足复杂困难情况下作战，等等。这些战略指导思想和原则现在仍具有重要指导意义，我们仍要继续坚持。

　　按照邓小平同志的战略思想和斗争策略，为了保证国家集中精力把国民经济搞上去，我们在外交上要继续奉行独立自主的和平外交政策，积极与世界各国发展国家关系，努力创造良好的国际环境。我们在军事上要严守自卫立场，不侵犯别国主权，不主动惹事。对侵害我国主权和权益的行为，要进行有理、有利、有节的斗争。平时，军队要把遏制战争爆发作为一项十分重要的职能，积极同政治、外交、经济斗争密切配合，努力改善我国的战略环境，减少不安全不稳定因素，努力遏制局部战争和武装冲突的爆发，使国家经济建设免遭战争冲击。只要我国能够在相对安全稳定的环境中加速发展十年、几十年，我们的经济实力、国防实力和综合国力就会大大增强，我国的安全就更有保证，我国的国际地位就会更加巩固和提高，有中国特色社会主义事业就会更加充满生机和活力。

　　在世界向多极化发展的过程中，国际上各种力量和矛盾的斗争相当尖锐复杂，我们在战略指导上很重要的一个问题，就是要善于利用矛盾，灵活应变，争取主动。在同霸权主义和强权政治的斗争中，我们既坚持原则，又保持灵活，利用一切可能利用的矛盾，扩大我们的回旋余地。对周边国家，我们要按照稳定周边的方针，多做工作，消除疑虑，促进睦邻友好；妥善处理涉外事务，力争以和平协商方式逐步解决某些争端；对一时难以解决的问题，要在稳定现状的前提下，积极创造条件逐步加以解决，不能急于求成。当前和今后一个时期，我们在军事斗争方面的重点是要防止台湾发生重大"台独"事变，防范其危害国家主权和领土完整。军队要积极支持党和政府从政治、经济、文化、科技等各个方面增强对台湾的吸引力和影响力，发挥军事威慑作用，遏制"台独"分裂势力，努力促进和平统一，同时在军事上要认真做好应变准备。

应付现代技术特别是高技术条件下的局部战争，现阶段我们确有困难和短处，但我们也有自己的优势，我们真正的优势还是人民战争。我国良好的地理条件，深厚的战争潜力，相当规模的常备军，有限的核反击力量，丰富的人民战争经验，这些都是我们遏制战争、战胜敌人的基础，也是这么多年来任何强大的敌人都不敢贸然入侵我国的重要因素。这是个了不起的优势，我们在任何时候都不能丢。同时，也必须认识到，现代条件下的局部战争同过去的战争相比已经有了很大不同。如果一旦发生冲突或战争，敌人首先恐怕还是利用精确制导武器、远程作战飞机进行空袭，以及实施相对独立的海战、空战的可能性增大。在这种情况下，我们仍然要坚持实行人民战争，不能有丝毫动摇，因为这是实践反复检验了的克敌制胜的根本法宝。但是，如何结合现代战争的具体实际真正做到充分有效地发挥人民战争的传统优势，问题并不简单，很值得我们深入研究。邓小平同志早在一九七八年就强调，要继承毛泽东军事思想，研究现代条件下的人民战争，发展我国军事科学。现在看，这个问题显得更加重要、更加迫切了。我们一定要根据新的情况，积极发展人民战争的思想，努力从作战思想、作战指挥、力量组合、作战形式、战法运用、武器装备、人员素质、地理环境、战争潜力等多方面，综合寻求在现代技术条件下立足现有装备克敌制胜的办法。只有这样，我们才能扬长避短，打击敌人，夺取胜利。

从现在起，为了适应现代技术特别是高技术条件下的作战需要，我们要积极创造条件，努力改善军队的武器装备。但是，在较长一个时期内，从总体上来说，我们仍要充分准备以劣势装备战胜优势装备的敌人，我们要有这个信心和决心。为此，我们要下功夫加强战略判断和预测，力争料敌在前、知变在先。

战略指导上应把握的思想和原则不仅仅是这些，在新的国际形势和军事斗争形势面前，还有很多问题需要深入研究。

概括起来讲，今后一个时期，积极防御的军事战略方针的基本内容就是：以毛泽东军事思想、邓小平同志关于新时期军队建设的思想为指导，服从和服务于国家发展战略，立足打赢一场可能发生的现代技术特别是高技术条件下的局部战争，加速我军质量建设，努力提高我军应急作战能力，扬长避短，灵活应变，遏制战争，赢得战争，保卫国家领土主权和海洋权益，维护祖国统一和社会稳定，为改革开放和现代化建设提供强有力的安全保证。

这个方针，阐明了我军建设和军事斗争必须坚持的根本指导思想，阐明了我们的军事战略方针与国家发展战略的关系，确定了我军的战略目标和战略任务，确定了我军建设和军事斗争准备的基点，提出了战略指导必须把握的基本思想。

三、关于军队建设和军事斗争准备的几个问题

按照积极防御的军事战略方针，逐步做好打赢现代技术特别是高技术条件下的局部战争的准备，关键是要全面贯彻邓小平同志关于新时期军队建设的思想，发扬人民军队的优良传统，保持老红军本色，大力加强军队的全面建设，不断提高战斗力，努力把我军的革命化、现代化、正规化建设推向新的阶段。

第一，必须把国防科技发展和部队装备建设放在突出地位。我们有信心有能力战胜任何敌人。但是，如果武器装备落后、特别是高技术条件下的对抗能力不强，夺取战场主动权就比较困难，赢得胜利就要付出较大代价。因此，我们必须尊重科学，重视武器的作用。最近，邓小平同志指示，要改善军队的武器装备，提高战斗力。根据邓小平同志的这个指示，我们要狠抓国防科

研和装备发展，以增强我军应付现代技术特别是高技术条件下的局部战争的物质基础，使我军尽快拥有几手先进的顶用的制敌手段，切实提高我军的威慑能力和实战能力。同时，我们必须重视改进现有武器装备，提高现有装备的作战效能和配套水平。

第二，必须高度重视全军官兵素质的提高。邓小平同志非常重视这个问题。他反复强调，提高部队素质靠训练，要把教育训练放在战略位置，并作为一个制度问题加以解决，把这个方针具体化。这是邓小平同志积几十年建军治军经验之谈，深刻揭示了和平时期军队建设的规律。我们要全面贯彻落实邓小平同志的这一重要思想。各级领导同志和领导机关必须把主要精力放在教育训练上，坚持不懈，真抓实干，切实提高教育训练质量，努力培养造就一大批具有高度政治觉悟、高昂士气、掌握现代军事技术、懂得现代战争指挥艺术的优秀人才。我们必须看到，这是实现我军现代化、赢得未来战争胜利的根本大计，是走有中国特色的精兵之路、加强我军质量建设非常重要的内涵。当前和今后一个时期，我们要围绕打赢现代技术特别是高技术条件下的局部战争，加强部队训练、院校教学和军事科学研究。要从实战需要出发，进一步改进部队训练，切实提高部队在现代技术特别是高技术条件下的战术技术水平。要突出抓好各级指挥员的训练，把他们培养成为熟练掌握现代战争指挥艺术的治军骨干。要继续加强和完善院校建设，改进教学内容和方法，为我军现代化建设和国防科技发展培养大批合格人才。要着眼于现代技术特别是高技术条件下的局部战争的特点，深入研究和积极探索现代条件下的人民战争的规律，努力探寻现代条件下以劣势装备战胜优势装备之敌的战法，丰富和发展有中国特色的军事理论。我们坚信，有一支训练有素的精兵，有一大批指挥艺术很高的指挥员，有一套灵活机动的战略战术，加上军事技术和装备水平不断提高，我们就能够战无不胜。

第三，必须进一步突出军队建设的重点。要下决心抓好重点部队建设，使之具备较强的作战能力。要适应现代条件下的人民战争的要求，重视和加强国防后备力量建设。总部和国家机关有关部门，要结合国家的体制改革，进一步完善国防动员机制，重点解决未来局部战争中快速动员的问题。

第四，必须切实加强和改进军队的思想政治工作。思想政治工作是我军特有的优势。无论是平时部队建设，还是打赢未来可能发生的现代技术特别是高技术条件下的局部战争，都离不开强有力的思想政治工作。要加强军队各级党组织和领导班子建设，确保党对军队的绝对领导，确保部队高度稳定和集中统一。要经常对部队进行我军根本职能和光荣传统的教育，发扬优良传统，保持老红军本色。要大力开展中国近代史、现代史教育和形势、战备教育，使广大干部战士认清形势，以史为镜，居安思危，牢固树立爱国主义思想和国防观念。要紧紧围绕教育训练这个中心，抓好经常性思想政治工作，激发练兵热情，培养不怕牺牲、勇猛顽强的战斗作风，保证部队在任何艰难困苦的条件下都能保持高昂的斗志，圆满完成党和人民赋予的任务。

第五，必须进一步加强军队的后勤建设。军队强大的战斗力离不开强有力的后勤保障。现代技术条件下的作战，消耗大，技术保障复杂，时效性要求高，对后勤和技术保障依赖更大。我们要充分认识后勤保障的地位和作用，不断加强后勤建设。在供需矛盾一时难以缓解的情况下，要突出保障重点。在保证部队生活不断改善的基础上，集中财力物力，向装备建设、重点部队、重要方向倾斜。要根据现代技术特别是高技术条件下的作战需要，加强后勤和技术保障力量建设，努力形成全方位的支援保障能力，尤其是要提高应急综合保障能力。要适应发展社会主义市场经济的要求，改进物资筹措、供应办法，提高经费和物资使用效益。加强后勤动员工作，逐步形成军民兼容的后勤保障体系。

从现在起到下个世纪中叶，对于祖国的繁荣昌盛和社会主义事业的兴旺发达，对于军队现代化的发展，是很重要很宝贵的时期。全军同志尤其是高级干部，要充分认识自己肩负的神圣而又艰巨的使命。我们一定要按照邓小平同志关于新时期军队建设的思想，在党中央和中央军委领导下，带领全军广大指战员，团结一致，振奋精神，锐意开拓，为把我军建设成为强大的现代化、正规化的革命军队而努力奋斗。

坚持党对军队的绝对领导[*]

（一九九五年十二月十七日）

江 泽 民

去年军委扩大会议上，我曾强调要把思想政治建设摆在全军各项建设的首位，提出要着重抓好"四个教育"。最近召开的党的十四届五中全会，一个重要精神，就是要求全党同志首先是高级干部一定要讲政治。加强思想政治建设和讲政治是一致的。中国人民解放军是中国各族人民的子弟兵。没有一个人民的军队，便没有人民的一切。中国人民解放军又是执行党的政治任务的武装集团，它以党的宗旨为宗旨，以党的目标为目标。新民主主义革命时期，我军执行的政治任务是通过武装斗争推翻三座大山、建立新中国，就是毛泽东同志讲的"枪杆子里面出政权"。新中国成立以后，我军执行的政治任务是维护祖国统一，保障国家安全和社会稳定，保卫和参加社会主义建设事业，也就是用枪杆子巩固政权、捍卫社会主义江山。总之，我军是人民民主专政的

＊ 这是江泽民同志在中央军委扩大会议上讲话的一部分。

坚强柱石，是捍卫社会主义祖国的钢铁长城，也是体现我们党和国家政治优势的重要力量。我军在国家生活中的这种特殊的职能和地位，决定了讲政治是我军优良传统的精髓和军队建设的灵魂。因此，任何时候都必须把思想政治建设摆在首位，任何时候在讲政治的问题上都必须有更高的要求和更高的自觉性。

讲政治，要贯彻到军队各项工作中去。根据我军建设的实际，要特别强调以下几个问题。

首先，最根本的是保证党对军队的绝对领导。这一点在新的历史时期尤为重要。毛泽东同志作为我军的主要缔造者，为确立党对军队的绝对领导作出了巨大的历史性贡献。他在三湾改编时提出"支部建在连上"这一建军原则，把党的组织建立在基层，从而使党得以切实掌握部队。他主持起草的古田会议决议，提出了党对军队领导的根本原则、措施和方法，明确规定党不仅要管党员、管政治工作，而且要管军事、管打仗。毛泽东同志还从政治原则的高度明确了党同军队的关系，鲜明地提出："我们的原则是党指挥枪，而决不容许枪指挥党。"毛泽东同志创立的党对军队的绝对领导的理论及其一整套制度，对于消除一切旧式军队的影响，把我军这支以农民为主要成分的军队建设成为新型的无产阶级军队，起到了决定性作用。邓小平同志历来十分重视军队在国家政治生活特别是维护国家稳定中的重要作用，他从来都是从政治上思考和处理军队问题的。这也是邓小平同志新时期军队建设思想最显著的特色。邓小平同志指出，我们国家所以稳定，军队没有脱离党的领导的轨道，这很重要。他强调，党要管军队，军队任何时候都要听党中央的话，选人也要选听党的话的人，军队不能打自己的旗帜。最近，军委决定将邓小平同志一九九二年十月六日的重要指示传达到全军师以上干部。邓小平同志在这一重要指示中深刻总结了军队建设的历史经验，揭示了坚持党对军队的绝对领导的重大现实意义，从政治的高度阐明了新时期军队建设带根本性的问题：一是军队要保持团结一致，不能容许宗派主义和山头主义存在；二是要保持老红军本色；三是要选拔培养好接班人。邓小平同志的指示高瞻远瞩，寓意深远，是他对军队的政治交待。全军师以上干部要反复学习，不断加深理解，坚决贯彻执行。

近几年来，军委狠抓了军队党的建设，军队中各级党组织较好地发挥了领导核心作用和战斗堡垒作用，部队思想政治建设得到了加强。我军在政治上是合格的，党中央是完全信赖的。同时，必须看到，西方敌对势力为实现其西化、分化我国的政治图谋，正在伺机对我军进行渗透和破坏，他们鼓吹的"军队非党化"、"军队非政治化"那一套，就是妄图改变我军的性质，使我军脱离党的领导。军队的同志特别是高中级干部，对此必须高度警惕，始终保持政治上的清醒和坚定。

关于讲政治，我在党的十四届五中全会上讲了六个方面，即政治方向、政治立场、政治观点、政治纪律、政治鉴别力、政治敏锐性。对军队来说，解决好这六个方面的问题，最根本的就是要保证党对军队的绝对领导，保证人民军队的性质。在坚持党对军队的绝对领导这个问题上必须旗帜鲜明、态度坚定。如果在这个问题上含含糊糊，甚至自行其是，那是绝对不能允许的。一定要在全军牢固树立党对军队的绝对领导的观念，保证枪杆子永远掌握在忠于党的可靠的人手里，保证我军在任何时候任何情况下都同党中央在政治上保持一致，模范地贯彻执行党的路线方针政策，一切行动听从党中央和中央军委指挥，不折不扣地执行党中央和中央军委的决策和指示。

严守政治纪律是坚持党对军队的绝对领导的保证。毛泽东同志在总结我党我军同张国焘分裂党、分裂红军的阴谋作斗争的经验时，深刻阐明了维护党的纪律的极端重要性，指出必须以党的纪律来保证党指挥枪这一原则的贯彻执行，并重申党的纪律是个人服从组织，少数服从多数，下级服从上级，全党服从中央。邓小平同志非常重视军队的政治纪律问题，指出："我们这个军队，历来强调一切行动听指挥，强调自觉遵守革命纪律。不这样，我们能够战胜比我们强大得多的敌人吗？能够保证党对军队的绝对领导、贯彻执行党的路线和政策吗？能够加速我军革命化现代化建设吗？"他一再强调军队要防止和克服宗派主义和山头主义的影响，指出："我们的传统是军队听党的话，不能搞小集团，不能搞小圈子"，"小圈子那个东西害死人呐！很多失误就从这里出来，错误就从这里犯起"。部队里边如果搞团团伙伙，搞任人唯亲，就会内耗纷起、人心涣散，军队的集中统一就会受到破坏，甚至会丧失战斗力。因此，必须严格政治纪律，任何人都不得违反。遵守政治纪律就要反对自由主义。现在有一种不好的现象，就是有的同志热衷于打听人事上的消息，上至军委、总部，下至本单位，甚至传播海外媒体散布的谣言。对这种不良现象，我们高级干部要特别注意，一经发现，务必坚决制止。大家要相信党、相信群众，一门心思抓工作，不要为个人升迁去留等分心走神，更不要沾染上世故圆滑、看风使舵的坏习气。

第二，必须加强思想政治教育。没有思想上的过硬，就没有政治上的过硬。落实军队讲政治的要求，必须狠抓思想政治教育。我们要把爱国奉献教育、革命人生观教育、尊干爱兵教育、艰苦奋斗教育，搞得一年比一年更深入、更有成效。通过坚持不懈的教育，使广大干部战士特别是各级领导干部不断提高马克思主义理论水平，提高思想政治素质，提高辨别是与非、善与恶、美与丑、荣与辱的能力，筑牢拒腐防变的思想防线。在对外开放和经济体制转变的过程中，各种错误思想倾向不可避免地会对部队产生冲击，各种腐朽思想文化对干部战士的侵蚀也不可低估。在这种情况下，在重大原则问题上注意分清是非界限，具有很重要的现实意义。比如，马克思主义同反马克思主义的界限，社会主义公有制为主体、多种经济成分共同发展同私有化的界限，社会主义民主同西方议会民主的界限，辩证唯物主义同唯心主义形而上学的界限，社会主义思想同封建主义、资本主义腐朽思想的界限，学习西方先进东西同崇洋媚外的界限，文明健康生活方式同消极颓废生活方式的界限，等等。划清这些基本界限，才能使我们的同志保持政治上的坚定和思想道德上的纯洁，才能保证党和军队的优良传统和优良作风发扬光大，才能保证全党全军全国人民团结一致，不断夺取建设有中国特色社会主义事业的新胜利。军队的思想政治教育一定要适应改革开放和军队革命化、现代化、正规化建设的新形势，紧密联系干部战士的思想实际，加强针对性、系统性、创造性。军队各级领导干部的思想境界应该更高一些，一切要以党和人民的利益为重，以军队建设事业为重，带头实践全心全意为人民服务的宗旨，兢兢业业地履行自己的职责。针对新形势下出现的新情况新问题，要特别重视对高中级干部的严格要求、严格教育、严格管理、严格监督。总政治部根据军委指示，起草了《关于加强军队高中级干部教育管理的意见》，这次军委扩大会议讨论后将正式下发，全军高中级干部要坚决贯彻执行。

第三，必须搞好军政军民关系和官兵关系，加强军政军民团结和军队内部团结。拥政爱民是我军的光荣传统，良好的军政军民关系是部队建设顺利进行的重要保证。军委、总部和各大单位党委历来十分重视这个问题。毛泽东同志在延安时期就讲过，从根本上说，政治问题主要是对人民的态度问题、同人民群众的关系问题。他指出："兵民是胜利之本。"建国以后，他又指出："军民团结如一人，试看天下谁能敌。"不断加强军政军民团结和军队内部团结，是军队政治建设的一项重要任务。我们的军政军民关系和官兵关系总的是好的，但在新形势下也出现了一些新情况新问题。要对官兵加强拥政爱民、遵纪守法的教育，处处体现我军文明之师的良好形象。各级领导机关和领导干部要切实负起责任，管好部队。对于严重失职的领导干部，要给予必要的纪律处分。地方各级党政机关要关心和支持部队建设，教育广大干部群众尊重军队和军人，自觉维护军队的形象和军人的合法权益，对非法侵害军人权益的行为要依法惩处。国务院有关部门和各级地方政府，制定涉及军队的政策规定，应当有利于部队战备、训练和减轻部队社会负担。军地双方都要珍惜军政军民团结，共同维护安定团结的政治局面。在官兵关系上，上级要多关心下级，干部要多关心士兵，努力帮助基层解决训练、生活中的困难，坚决杜绝侵占战士利益和打骂、体罚战士的现象。

第四，必须加强各级领导班子建设。军队各级领导班子是战斗指挥部，在军队建设中起着枢纽作用。党的基本路线和大政方针，党中央和中央军委的决策和指示，能否全面贯彻落实，首先取决于各级领导班子的工作。这几年，军队各级领导班子特别是军以上领导班子的建设，总的情况是比较好的。但是，少数领导班子对自身建设抓得不紧，有的执行军委、总部的指示和规定不坚决，有的民主集中制坚持得不好，党内生活缺少原则性，因而发生了一些本应避免的问题。例如，关于各级干部的住房标准，军委、总部早已明文规定，但有的单位仍然我行我素，"集体犯规"，以党委会或办公会的名义作出超标准建造、装修住房的决定。尤为严重的是，有的单位发生了严重违纪问题，主要领导提议向上级隐瞒，党委竟然作出隐情不报的决定。领导班子处于这样丧失原则和软弱涣散的状态，能够保证部队建设顺利进行吗？能够保证工作的正确方向吗？当前，对各级领导班子提出讲政治的要求，这是从大局出发的，是从爱护干部出发的。如果不重视这个问题，就会犯极大的错误。搞好领导班子建设，首先各级领导干部要认真学习马克思列宁主义、毛泽东思想、邓小平建设有中国特色社会主义理论，用科学理论武装自己的头脑和指导各项工作。坚持和健全民主集中制，对领导班子是一个极为重要的问题。民主集中制是我们党和国家的一项根本制度，也是坚持党对军队的绝对领导的重要保证。加强民主集中制，必须坚持和完善集体领导和个人分工负责相结合的制度，既要强调军政主官对部队工作负主要责任，也要防止主官个人说了算、个人凌驾于组织之上。凡属部队建设中的重大问题，必须经过党委充分酝酿和讨论，由党委集体决定。部队各级军政主官应该成为坚持民主集中制的表率，能够虚怀若谷、集纳群言。领导班子中的其他成员都应该以对党的事业高度负责的精神，切实履行自己的职责，敢于坚持真理、秉公直言。要切实加强对各级领导班子的监督，包括上级对下级的监督，班子成员的相互监督，纪委、审计部门和群众的监督。还要特别重视掌握和运用批评和自我批评这个马克思主义的武器。今年上半年，各大单位党委常委民主生活会的质量有了明显提高，党组织内部批评和自我批评开展起来了，高级干部相互谈心也有明显进步。不足之处是，有些同志自我批评触及思想深处不够，相互批评还缺乏思想交锋。批评和自我批评以及谈心活动，对于分清是非、增强团结、克服缺点、改进工作、防止失误，都很有益处，是加强领导班子建设的好办法，应该坚持下去。

以改革创新的精神
迎接世界军事发展的挑战[*]

（一九九六年十二月十四日）

江 泽 民

当前，高新技术正在世界范围内迅猛发展。比如，以微电子技术、电子计算机技术、人工智能技术、通信技术为基础的信息技术，以遗传工程为代表的生物技术，以复合材料、耐高温材料为代表的新材料技术，以及新能源技术和空间技术等，发展都很快。就微电子技术来说，在短短二十几年间就走过了大规模、超大规模、特大规模集成时代，现在已经进入了吉规模集成时代。也就是说，在一张普通邮票大小（三百五十平方毫米）的硅片上可以集成几亿个元件。电子计算机已经发展到第五代。上个月，日本在美国展出了每秒运算速度达六千亿次的计算机，这是目前世界上运算速度最快的机型。高新技术的广泛应用，正在深刻改变着世界社会

---

* 这是江泽民同志在中央军委扩大会议上讲话的一部分。

经济的面貌，也正在深刻改变着军事斗争的面貌，引发了军事领域一系列革命性变化。武器装备呈现出信息化、智能化、一体化的趋势，各种武器装备联结为一个有机体系，远程攻击能力大大增强，打击精度空前提高，杀伤力成倍增长。战争形态、作战样式也随之出现了一些新的特征，全纵深作战、非线式作战有可能成为高技术条件下战争的基本交战方式。过去我们讲陆、海、空一体，现在已经是陆、海、空、天一体了，特别是争夺信息优势、取得制信息权将成为作战的重心之一。军队的组织结构也处在重大调整改革之中，作战部队高度合成，趋于小型化、轻型化、多样化，指挥体制纵向层次减少，更加灵便、高效。同这种发展趋势相适应，世界各主要国家纷纷加快军队现代化建设的步伐，形成了以高技术质量建设为主要标志的竞争新态势。照此态势看，到二○一○年左右，世界一些主要国家和地区的军队建设质量可能会出现新的飞跃。

世界军事发展的强劲势头，对我军质量建设和军事斗争准备提出了严峻挑战。海湾战争以后，经过几年酝酿，我们于一九九三年初制定了新时期军事战略方针，把军事斗争准备的基点放在打赢现代技术特别是高技术条件下的局部战争上。在这个战略方针指导下，去年又提出实现我军由数量规模型向质量效能型、由人力密集型向科技密集型转变。这些都是完全正确的。

在这里，我要郑重地向同志们提出，全军各项建设和一切工作，包括军事训练、政治工作、后勤保障、国防科研等，都要在新时期军事战略方针指导和统揽下，立足于打赢未来现代技术特别是高技术条件下的局部战争，周密规划，全面部署，深入展开。也就是说，全军各项建设和一切工作，都要服从和服务于这一战略方针的需要，都要为确保这一战略方针的胜利实施做好各方面的充分准备。全军各个部队、各级领导机关和广大指战员，必须迅速掀起并形成一个广泛、深入、持久地学习现代科技特别是高技术知识的热潮。要把这个学习同学习马克思列宁主义、毛泽东思想、邓小平建设有中国特色社会主义理论，同学习毛泽东军事思想、邓小平新时期军队建设思想紧密结合起来。在学习中一定要发扬"挤"和"钻"的精神，一定要下大功夫、苦功夫、硬功夫，相互切磋、相互竞赛，看谁学得多、学得好。理论学习和业务学习真正搞好了，思想境界就会提高，团结就会加强，工作就会打开新局面，各种消极现象和歪风邪气就滋长不起来。总之，学与不学，学得好与不好，效果是大不一样的。因此，我反复强调要学习、学习、再学习。如果大家都有了正确思想理论的武装，有了现代科技特别是高技术知识的武装，我军革命化、现代化、正规化建设就有了根本保障，我军的建设质量和战斗力就会大大提高起来。

现在，我军在武器装备、情报侦察、通信联络、指挥控制、联合作战、后勤保障等一些基本方面，与西方发达国家军队存在较大差距。邓小平同志早就指出，我们军队打现代化战争的能力不够，各级干部指挥现代化战争的能力也不够。这个问题到现在还没有根本解决。因此，迎接世界军事发展的挑战，是我们无法回避的历史责任。摆在全军同志面前的一项重要任务，就是要充分利用较长时期内大仗打不起来和国内经济快速发展的有利条件，大力推进我军质量建设。

首先，要从我军实际出发，面向世界，着眼未来，努力发展我们的军事理论。先进的军事理论，历来是军队建设得以健康发展的必要条件，是战争的重要制胜因素。当代军事领域的深刻变革，推动着军事理论的发展和创新。现在，世界各国都重视军事理论研究，军事理论领域出现了十分活跃的局面。关于未来军队和未来战争，或者叫做二十一世纪军队和二十一世纪战争的新学说新观点层出不穷，酝酿着重大理论突破。这些年来，我们在军事理论研究方面取得了一些可喜的成果。但是，应该看到，我们的军事理论研究特别是对高技术战争的研究还很不深入、很不系统，有分量的东西还不多。有些同志只看到武器装备等"硬件"方面的落后，而往往忽略军事理论这一重要"软件"方面的差距，对发展军事理论的重要性认识不足，缺乏紧迫感。这个认识问题不解决，将来是要吃大亏的。我军在长期军事实践中，形成了以毛泽东军事思想、邓小平新时期军队建设思想为代表的具有中国特色的军事科学理论，它本质上是一个随着实践发展而不断发展的军事思想体系，因而具有强大生命力。我们必须坚持以毛泽东军事思想、邓小平新时期军队建设思想为指导，紧密结合世界军事发展和我军建设实践，解放思想，大胆探索，勇于创新，把我们的军事理论研究提高到一个新水平。要注重理论研究的超前性、实用性、综合性，着重研究世界军事发展趋势，探索高技术战争的特点和规律；研究立足我军现有装备克敌制胜的战略战术，特别要加强研究高技术条件下的人民战争的战略思想和作战方法；研究我军建设和改革中的重大现实问题，寻求解决新形势下的矛盾和问题的思路、办法，为军队建设和军事斗争准备服务。

第二，迎接世界军事发展的挑战，要千方百计把我军的武器装备搞上去。这些年来，我军武器装备虽然有了很大改进，但从总体上看，与世界发达国家军队武器装备的水平还有很大差距。由于国家财力紧张，能拿出来用于武器装备发展的经费还有限。关键是要把有限的经费使用好，确实用于必需、用之得当，以利于发挥出最大效益。我看，还是要坚持科研先行，跟踪世界高技术的发展；坚持缩短战线、突出重点，集中人力、物力、财力办大事；坚持自力更生为主，有选择地引进关键的装备和技术。这里，一个重要问题，就是要理顺武器装备的科研、生产、购置和维修等方面的体制。体制不顺，浪费了资金，延误了时间，这是我们长期以来没有解决好的老问题。理顺体制不是一天两天的事，在现行体制下，能否搞得更好一点，减少损失，提高效益，关键在管理。我们在经济上有个口号，就是向管理要效益。在国防科研和生产上，我们也要向管理要效益。同样的人力、物力、财力，管理得好，就会事半功倍；管理得不好，就会事倍功半。科学管理，是兴国之道，也是兴军之道。过去，周恩来、邓小平和聂荣臻同志经常强调要加强国防科研和生产的管理。多年来，国防科技战线的领导干部、专家、试验部队和广大职工，发扬自力更生、艰苦奋斗、无私奉献的精神，扎实工作，严谨细致，为我国国防事业和军队建设作出了突出贡献。我们要继续发扬这些优良传统，加强管理，确保质量。质量问题非常重要，特别是尖端的东西，不讲质量，一个小零件出问题就不得了。出一次大事故，就损失成百上千万元甚至上亿元。我们国家穷，损失不起呀！总之，管理要天天抓，质量要天天讲，一刻也不能放松。要加强军工企业的质量监督，严把质量关。装备发到部队后，一定要维护好。

第三，从当前世界军事发展的动向看，我军体制编制不合理的问题也比较突出，体制编制调整改革要继续积极稳妥地进行。我们以往的体制编制调整改革，有许多成功的经验，也有不成功的教训。有些方面之所以改来改去而效果老是不明显，很重要的一个原因，就是论证不够，或者改革方向没有错、但配套工作没有跟上去。当然，改革是一个不断探索、不断完善的过程，出现某些失误在所难免，我们要尽可能地论证充分一些、决策科学一些，以减少失误。在进行总体设计时，要正确认识和处理继承优良传统和发展创新的关系、借鉴外军经验和坚持我军特色的关系、军队调整改革和国家整个改革的关系、深化改革和保持部队稳定的关系。总的说来，就是要紧紧围绕建设一支强大的现代化、正规化的革命军队这个总目标，朝着规模适度、结构合理、指挥灵便的方向努力，要体现精兵、合成、高效的原则，要有利于加强集中统一领导，有利于军队的教育训练和管理，有利于未来作战的需要。要把重点放在结构调整和指挥体制改革上，增强部队联合作战、机动作战和执行多种任务的能力。各级领导干部和领导机关，必须以对党和军队高度负责的精神，从大局出发，坚持局部利益服从整体利益，正确对待本单位本系统的调整精简，正确对待个人的进退去留，坚决执行军委的决策。

第四，军事理论研究的成果、武器装备的发展和体制编制调整改革，最终都要通过训练才能形成现实战斗力。因此，必须坚持把教育训练摆在战略地位。在一个相当长时期内，我军武器装备整体上还是由少量先进技术装备和大量一般技术装备构成。立足于以现有装备战胜高技术装备的强敌，这是我军军事训练的基本出发点。我们常讲，要增强立足于现有装备克敌制胜的信心。信心从哪里来呢？归根到底是要通过训练提高战术技术水平，找到对付高技术对手的办法。各级党委和军政主官要以主要精力抓好军事训练，确保军事训练任务落到实处。要把训练任务的落实情况和训练质量的高低，作为检验一级党委、一名领导干部水平和政绩的重要标志。要贯彻训战一致的原则，着眼于提高部队的整体作战能力，从难、从严、从实战需要出发摔打部队，防止和纠正消极保安全的做法。训练中出一些事故是难免的，我们要尽可能减少事故的发生，但不能因此降低训练难度。今年的东南沿海演习是成功的，扬了国威，壮了军威，也是对我军训练水平和作战能力一次很好的检验。要认真总结经验，发扬成绩，克服不足，进一步提高我军的训练质量。迎接世界新军事发展的挑战，关键在人才。没有一大批高素质人才，就无法掌握新的武器装备，无法创造和运用新的战法，也就不可能赢得未来战争的胜利。人才培养是长期任务，又是当务之急。高新技术装备一下子搞不上去，但人才培养要先行。宁肯让人才等装备，也不能让装备等人才。要通过强化部队训练和院校训练，加大人才培养的力度，特别是要培养大批懂得高技术知识的指挥人才。

实现国防和军队现代化建设
跨世纪发展的战略目标*

（一九九七年十二月七日）

江 泽 民

实现国防和军队现代化，是全党全国人民十分关心的一件大事。我经常想一个问题，就是在和平时期，在新的历史条件下，我们的眼光应该放得更远一些，要站在战略高度，把国防和军队现代化建设筹划好。党的十五大作出了用下个世纪的前五十年时间分三个阶段基本实现现代化的战略部署。国防和军队现代化建设作为国家现代化建设的重要组成部分，必须与国家经济建设协调发展，既要跟上国内外形势的发展，又不能占用过多经费、影响国家经济建设这个大局。我们要有一个与国家经济发展战略相配套的战略构想，从总体上把握好国防和军队现代化建设的发展进程，量力而行，尽力而为，逐步推进。在现代条件下，军队内部结构十分复

---

* 这是江泽民同志在中央军委扩大会议上讲话的一部分。

杂，军队建设是一个庞大的系统工程，要放在一个较长的历史跨度中去考虑，才能作出比较科学的决策。现在，美国、俄罗斯、日本等国相继制定了二〇一〇年前军队建设的发展计划，并着手研究制定二〇二〇年以后的长期发展计划，努力用大系统的思想指导军队建设，以争取二十一世纪的军事优势地位。我军的现代化建设，也必须有一个长远的总体规划来统领，走一步看一步是不行的。要在党的十五大精神指引下，根据邓小平同志提出的建设一支强大的现代化、正规化的革命军队的总目标，按照政治合格、军事过硬、作风优良、纪律严明、保障有力的总要求，以打赢现代技术特别是高技术条件下的局部战争为基点，认真设计从现在起到下世纪中叶国防和军队现代化建设的发展战略。

我考虑，与国家现代化建设的发展进程基本上相一致，国防和军队现代化建设跨世纪的发展，大体也可以分三步走。

第一步，从现在起到二〇一〇年，用十几年时间，努力实现新时期军事战略方针提出的各项要求，为国防和军队现代化打下坚实基础。主要解决好军队的规模、体制编制和政策制度问题，把军队员额压缩到适度规模，建立起比较科学的体制编制，形成与发展社会主义市场经济相适应的比较配套的政策制度；调整完善国防动员体制；我军人才培养要上一个新台阶；拥有一批性能先进的主战武器装备，形成适应高技术条件下作战的精干有效的武器装备基本体系，具备遂行新时期军事斗争任务的威慑和实战能力。

第二步，二十一世纪的第二个十年，随着国家经济实力的增长和军费的相应增加，加快我军质量建设的步伐，适当加大发展高技术武器装备的力度，完善武器装备体系，全面提高部队素质，进一步优化体制编制，使国防和军队现代化建设有一个较大发展。

第三步，再经过三十年的努力，到二十一世纪中叶，实现国防和军队现代化。

实现国防和军队现代化建设分三步走的战略目标，关键在第一步。在跨世纪的这十几年时间里，我们要保持一定的发展速度，使我们与世界军事大国的差距有所缩小，积蓄力量，为以后的发展做好准备。要在《"九五"期间军队建设计划纲要》的基础上，把二〇一〇年前的军队现代化建设规划好。我们的规划，既要适合自己的国情军情，又要适应世界军事发展的要求，能够有力地推动我军革命化、现代化、正规化建设全面发展。在这个总体设计下，国防科研、装备发展、人才培养、应急机动作战部队建设、后备力量建设等方面，都要有一个较为长期的发展规划。规划定下来之后就要认真执行，军队建设的各种重大举措和各方面工作，都要以它为指导，都要朝着它所确立的方向和目标去努力。

第一，坚定不移地贯彻加强质量建设的方针，走有中国特色的精兵之路。这是总结我军几十年现代化建设

实践经验得出的宝贵结论，是实现我军现代化唯一正确
的选择。邓小平同志在主持军委工作期间，领导进行了
几次较大的调整精简，包括一九八五年裁减军队员额一
百万，使我军人员数量减少了一半，重新走上了注重质
量建设的精兵之路。随着世界军事的发展，减少数量、
提高质量已经成为世界各主要国家军队发展的共同趋
势。我们国家大，军队目前的机动能力还比较低，不保
持一定的规模也不行。但是，现在看，数量还是多了一
些。党的十五大报告提出今后三年内再裁减军队员额五
十万，这是党中央和中央军委为加强军队质量建设而采
取的一个重大举措。各单位要按照军委的部署，坚决完
成调整精简任务。在减少军队员额的同时，要突出抓一
抓精简机构和压缩保障规模这个问题。在历次调整精简
中，一些部队撤销了，兵员数量减少了，但各类机构、
保障设施和物资储备等并没有相应减少，耗费了大量人
力、物力、财力，严重制约了用于支撑战斗力提高的经
费投入。解决这个问题，要有大的决心，要依据未来军
事斗争任务，结合调整精简，该合并的合并，该撤销的
撤销，该处理的处理。

　　加强军队质量建设，更重要的是要培养具有高度政
治觉悟和良好军事素质的官兵，发展现代化武器装备，
通过科学编组和严格训练实现人与武器的最佳结合，最
终达到提高军队战斗力的目的。全军同志特别是高中级
领导干部，要进一步加深对质量建设重大意义的认识，

把加强质量建设作为实现我军现代化的基本指导方针，摆在更加突出的位置，坚决贯彻到军队各项工作中去。

第二，必须注意突出重点，着力解决最关键的问题。搞国防和军队现代化建设，说到底，是要花大钱的。我们国家的性质，我们的国情，我们的军事战略方针，都决定了我们要走一条有中国特色的国防和军队现代化的路子，不可能也没有必要什么都同西方发达国家去比。你搞你的现代化，我搞我的现代化。这几年，党中央、国务院在处理经济建设和国防建设的关系上，坚持了两头兼顾的方针，尽可能满足国防建设的需要。但是，国家财政现在还很紧张，军费投入只能随着国家经济实力的增长逐步增加。所以，搞军队现代化，一定要分清主次先后、轻重缓急，有所为有所不为。毛泽东同志说过："没有重点就没有政策。"国防科研和武器装备发展，要下决心解决规模大、战线长、力量分散、低水平重复等严重问题。这些问题积累多年，如不加以解决，经费再增加也会事倍功半，军队现代化就没有希望。要切实加强集中统一领导，大力搞好协同，集中力量重点突破一些关键技术，实现较大跨度的技术进步。各军兵种都要把应急机动作战部队建设放在优先地位，加大对应急机动作战部队的经费投入和政策倾斜的力度，争取使这些部队的现代化水平有较快提高，成为应付局部战争和突发事件、完成新时期军事斗争任务的中坚力量。应急机动作战部队应该成为我军现代化建设的先行者和探索者，应该为其他部队的建设和改革提供成功经验。我这里要强调一下，在未来高技术战争中，我们还是要发挥人民战争的威力。人民战争是我们克敌制胜的法宝，什么时候也不能丢。

第三，抓住机遇，积极推进军队改革。党的十一届三中全会以来，军队改革在许多重要方面取得了显著成效，对促进军队建设和军事斗争准备起到了很大作用，对此要充分估价。但是，也要清醒地看到，军队发展中也还存在一些突出矛盾和问题。这些矛盾和问题，影响和制约着军队质量建设，不利于提高部队战斗力，不利于振奋军心士气。深化改革势在必行。尤其是面对世界军事发展的严峻挑战，面对党的十五大以后国家加快经济体制改革步伐的新形势，军队改革显得更为紧迫。我们要利用大仗较长时间打不起来的时机，抓紧搞好军队改革。要在坚持党对军队绝对领导的根本原则和制度、坚持中央军委高度集中统一指挥的前提下，以战斗力为标准，着力解决制约我军质量建设的突出矛盾和问题，建立适应未来军事斗争要求和社会主义市场经济发展要求的领导、指挥、管理、保障体制和运行机制，提高我军建设的整体效益，提高领导和指挥的效能，增强我军的作战能力。

军队改革的基本任务，首先是要进一步调整改革体制编制。过去几次体制编制调整改革，比较好地解决了军队"肿"的问题，精简了机关和部队，但有一些大的体制问题尚未解决，一些重要关系还没有理顺。现行体制编制仍然不适应新形势下军队建设的要求，不适应高技术条件下的局部战争的要求。要以精简五十万员额为契机，好好理一理我军的体制编制。要深入研究高技术战争对军队体制编制的重大影响，深入研究我军现行体制编制的优劣长短，深入研究建国以来我军历次体制编制调整改革的经验教训，深入研究世界主要国家军队体制编制的发展趋势，提出体制编制调整改革的方针原则和总体思路。在调整改革体制编制的同时，要重视抓好政策制度的调整改革。这既是促进体制编制调整改革的需要，也是社会主义市场经济条件下治军的一个重要方面。我军现行的一些政策制度是在计划经济体制下形成的，滞后于社会主义市场经济的发展。这些年，一部分官兵思想不大稳定，部队发生这样那样的问题，有教育管理方面的原因，也有政策制度方面的原因。在发展社会主义市场经济的条件下，如何建立和完善有利于调动官兵积极性的政策制度，增强军队的吸引力和凝聚力，是一个需要积极探索和着力解决的问题。政策制度的调整改革，要以兵役制度、士官制度、干部人事制度、工资福利津贴制度和后勤生活保障社会化等为重点。总部要认真研究和解决政策制度问题。这几年，国防和军事立法取得了很大成绩，要在已有的基础上继续做好建章立制的工作，逐步形成比较完善的国防和军事法规体系。军队改革涵盖军事工作、政治工作、后勤工作等各个方面，要从整体上加以把握，使各个方面改革相互配合、相互促进。改革既要积极推进，又要稳妥可行。各项改革实施的时机和力度，要充分考虑保持军队稳定、保持国家稳定这个大局的需要。

第四，高度重视科学技术进步，加快高素质军事人才的培养。我们是在世界科技革命蓬勃发展的条件下、在世界军事领域正在发生以信息技术为基础和核心的深刻变革的背景下从事军队现代化建设的，现代科学技术特别是高技术的发展，对军队现代化建设产生着巨大的推动作用。这种形势，一方面向我们提出了严峻挑战，如果我们目光短浅、行动迟缓，就会被世界军事发展的潮流远远抛在后面；另一方面也给我们提供了历史性机遇，如果我们方针正确、措施得力，就可以实现军队现代化建设的跨越式发展。要重视军事理论的先导作用，丰富和发展以毛泽东军事思想和邓小平新时期军队建设思想为代表的我国军事科学理论。要贯彻科技强军的方针，把依靠科技进步作为提高军队战斗力的基础。要提高武器装备的科技含量，部队的战备、训练、后勤保障等各个方面都要注重利用现代技术特别是高技术成果。人才是兴军之本，必须把培养造就大批高素质人才作为军队现代化建设的根本大计。我们历来强调，决定战争胜负的是人而不是武器，无论武器装备发展到什么程度，人在战争中的作用始终是第一位的，任何时候都不能见物不见人。如果我们有了高素质人才，又有了先进武器装备，就如虎添翼。要在抓紧部队高技术知识学习和军事训练的同时，下大气力把院校教育搞好。我军院校教育还不完善，人才培养层次偏低，影响干部素质的提高。要建立新型的院校体系，合理确定院校的规模和数量，提高生长军官培训层次，改革教学内容，加大高技术知识、新型武器装备知识、现代军事指挥知识的含量，培养既懂政治又懂军事、既懂指挥管理又懂专业技术的复合型人才。军队生长干部要逐步走开军队自己培养和依托国民教育培养并举的路子，从更大范围选拔培养高素质人才。

这里，我要特别强调的是，我们要有一种高度的历史责任感，有一种昂扬的精神状态。经过建国以来近半个世纪的努力，我们的国防和军队现代化建设取得了伟大成就，但仍然任重而道远。继续推进国防和军队现代化的重任，历史地落在了我们的肩上。要在世界上干成一件事，没有一点精神是不行的。要成就我国国防和军队现代化这样一项伟大事业，更需要发扬艰苦创业、奋发图强的革命精神。回顾五六十年代，我们搞原子弹、氢弹和人造卫星，那时物质技术基础何等薄弱，条件何等艰苦，硬是在很短时间内就拿了下来，表现出一种强烈的革命精神。我们要保持战争年代那么一股劲、那么一股革命热情、那么一种拼命精神，像组织指挥打仗一样，组织指挥国防和军队现代化建设。要坚定不移地贯彻邓小平同志关于以现代化建设为中心的思想，聚精会神地想国防和军队现代化、钻国防和军队现代化、干国防和军队现代化。为着国防和军队现代化，我们大家都要呕心沥血、殚精竭虑。现在，我们的目标已经明确，道路已经开通，虽然还面临着许多困难，但更具有很多今天拥有而过去不曾或不完全具备的有利条件。有邓小平新时期军队建设思想的指引，有党中央的坚强正确领导，有社会主义制度的保证，有全国人民的大力支持，我们完全有信心、有能力、有办法，再用五十年的时间，经过两三代人坚持不懈的努力，到建国一百年的时候，实现国防和军队现代化。

我还要强调一点，在积极推进军队现代化建设和改革的过程中，一刻也不能放松思想政治建设。对于新时期的军队建设，有两个最重要的问题是我始终关注的：一个是在复杂的国际环境中，我军能不能跟上世界军事发展的趋势，打赢未来可能发生的高技术战争；一个是在对外开放和发展社会主义市场经济的条件下，我军能不能保持人民军队的性质、本色、作风，始终成为党绝对领导下的革命军队。对于后一个问题，我已经讲了很多。全军部队围绕这一思想政治建设的根本任务，做了大量卓有成效的工作。但是，这是一个时代性课题，既有现实的紧迫性，又是长期的历史任务，需要我们坚持不懈地作出努力。

走出一条投入较少、效益较高的 军队现代化建设的路子*

（一九九八年十二月二十五日）

江 泽 民

今年七月，党中央作出军队和武警部队"吃皇粮"、一律停止经商活动的重大决策。这一决策，得到了全军广大指战员和全国广大人民群众的拥护和支持。几个月来，全军按照党中央、国务院和中央军委的统一部署，对军队企业进行全面清理，完成了经营性企业的撤销和移交工作。应该说行动是迅速的，体现了我军雷厉风行的作风。许多事实表明，一支军队如果长期进行赢利性经商活动，就会严重损害军队的凝聚力和战斗力，也会严重损害军队的社会形象。军队、武警部队停止经商活动这项工作，对于保持我军的人民军队性质和保证社会主义江山永不变色，对于巩固和加强军政军民团结、促进军队的党风廉政建设，具有十分重要的意义。这项决

---

* 这是江泽民同志在中央军委扩大会议上讲话的一部分。

策的深远影响，将会随着军队建设的发展看得越来越清楚。军队停止经商活动后，国家一定要增加军费，保证军队建设不受影响，保证部队的生活水平不下降。

我国军费开支同世界主要国家相比，无论从绝对数看还是从占国内生产总值的比重看，都是低的。一九九八年，国家直接用于军队建设的经费，大约相当于美国军费的二十分之一，相当于英国、法国、日本各自军费的三分之一。我们用比较少的经费，维持了一支世界上规模较大、素质较高的军队，并不断有所发展，这是很了不起的。世界上也只有中国共产党领导的人民军队能够做到这一点。我军的现代化建设任重道远。目前，我军以机械化为基本特征的军队现代化的任务还没有完成，又面临着机械化战争正在向信息化战争转变的世界军事发展趋势的严峻挑战。下个世纪的前五十年，我军必须完成向机械化和信息化转变的历史任务，实现"三步走"的战略目标。当前和今后一个时期，由于国家财力所限，军费还不可能有较多增长，但逐步增长是不会间断的。我们实现军队现代化的决心决不会动摇，步子也决不能放慢。改革开放和社会主义市场经济的发展，必然会给军队现代化建设创造更多更充分的有利条件。只要我们善于运用这些有利条件，把手中的军费切实管好用好，就一定能够走出一条投入较少、效益较高的军队现代化建设的路子来。这个问题，需要大家继续用心研究。我这里强调几点。

第一，发扬艰苦奋斗精神，坚持勤俭建军方针。毛泽东同志在红军时期就提出一个著名的口号："节省每一个铜板为着战争和革命事业"。在革命战争年代，我们靠艰苦奋斗、勤俭节约，战胜各种困难和敌人，夺取了全国解放的胜利。新中国成立以后，我们也是靠艰苦奋斗、勤俭节约，在经济技术条件并不充裕的情况下，把我军建设成为一支诸军兵种合成的军队。今天，我们所拥有的物质条件比过去特别是战争年代要好得多，但不管条件怎样变化，艰苦奋斗精神、勤俭建军方针不能丢。我国还处于并将长期处于社会主义初级阶段，根本改变生产力不发达的状况，还需要进行长期的艰巨努力。改革和建设的任务都很繁重，国家要花钱的地方很多。我们军队的同志必须自觉体谅国家的难处，长期树立过紧日子的思想，大兴艰苦奋斗之风，勤俭办一切事业。从军委、总部起，各级领导和机关都要带头艰苦奋斗、勤俭建军，一切都要精打细算、厉行节约，尽量减少不必要的开支，为全军指战员树立好的榜样。要把贯彻勤俭建军方针同党风廉政建设结合起来，坚决反对奢侈浪费。经费的使用要向作战部队倾斜，向边海防和艰苦地区部队倾斜，向基层倾斜。

第二，加强集中统一管理，提高军费使用的整体效益。军队现代化建设，应该借鉴和运用反映社会化大生产规律的科学管理的手段和方式。我军的后勤保障体制，长期是三军自成体系，条块分割，机构重叠；武器装备建设的管理体制也是多头、分散、分段，形不成合力。今年上半年，军委作出建立三军联勤体制和成立总装备部的决定，对我军后勤保障体制和装备管理体制进行重大改革。实行三军联勤体制，有利于优化保障结构，理顺保障关系，统筹人力、物力、财力。总后勤部要加强对联勤的研究和指导，各单位要从大局出发，坚决克服分散主义和本位主义，确保联勤体制规范有序地运行。总装备部的成立，实现了我军武器装备建设的集中统一领导，为我军武器装备建设实行全系统、全寿命管理创造了条件，有利于对武器装备建设进行总体规划和设计，按照缩短战线、突出重点的原则，科学安排经费的投入，从而可以提高各项武器装备建设经费的整体使用效益。总装备部要积极适应新的管理体制，边调整边建设，尽快建立符合武器装备建设规律、反映社会主义市场经济要求、与新的管理体制相适应的政策法规制度和运行机制。

第三，逐步减轻军队办社会的负担，扩大社会化保障的范围。长期以来，军队后勤承担了过多的社会性保障职能，在许多方面自我封闭、自成体系，摊子搞得很大。许多机关大院成了"小社会"，几乎无所不包、无所不管。这些年，部队几经精简整编，总员额不断减少，而服务保障人员却减得不多。这种保障模式，过去曾发挥过重要作用。现在发展社会主义市场经济，社会分工专业化程度日益加强，社会提供的服务保障功能日趋完善，这种模式就很不适应了。军队后勤保障特别是生活保障必须社会化。这方面改革要加快进度、加大力度。可以考虑先从军队高级领导机关和大中城市的军队院校、科研机构、医院等单位开始实施，然后总结经验，逐步推开。随着军队生活保障社会化程度的提高，一些与军事职能没有多大关系的保障机构可以逐步剥离，有间接关系的也可以相应压缩。军队需要的保障机构要很精干、很充实，同时保障水平要有明显提高。

第四，依靠国家经济、科技发展，推动军队的基础设施建设和科技创新。国防经济和社会经济、军用技术和民用技术应该相互兼容、相互促进。军队建设必须与国家经济建设紧密结合，特别是与国家新兴技术产业紧密结合，充分利用国家经济、科技成果和市场资源，以收到事半功倍的效果。光纤工程建设，我们采取军民合建的办法，几年时间就使军队的通信条件得到显著改善。这样大规模的基本建设，单靠军队自己是搞不起的。依托国家和社会的发展，依托市场，许多军队独自难以办到的事情就能够办到。比如，我们可以通过国家的经济社会发展计划，把军事设施建设同地方基础设施建设结合起来，在铁路、公路、机场、码头等大型基本建设中贯彻军事要求。这样就可以大量减少军费投入。国防科研也可以加入国家科技创新体系，把一些基础项目纳入国家科技战略和发展规划，既可以实现成果共享，又能够推动军用技术和民用技术相互转化。军官的学历教育、通用人才培养，都可以依托国民教育。要加强这方面的政策制度研究，促进军队建设更好地与国家经济建设紧密结合，相得益彰。

第五，加强战略规划的指导作用，集中力量抓好一批战略性基础工程建设。我们应该把有限的经费，集中投放到对军队现代化建设全局具有重大影响的战略性基础工程上。六七十年代，我们克服各种困难，成功地搞出了"两弹一星"，从而打破了美苏的核垄断、核讹诈，使我国成为世界上少数拥有核武器的国家之一，而且促进形成了一批高新技术产业，带动了国家整个科学技术的发展。毛主席、周总理当年看得是非常远的。如果当时不搞"两弹一星"，我国在世界上就不可能拥有今天这样的地位，我们国家安全的形势也会大不相同。今天，我们仍然要有这样的战略眼光，要想到未来，想到二十一世纪的国家安全保障和军事威慑力量。我们需要发展和建设的东西很多，都搞没有可能也没有必要，目前我们没有这样充足的经济物质条件。要抓住几个真正具有决定性意义的项目，尽快形成我们自己的高技术武器装备的"杀手锏"。不然，在二十一世纪世界的激烈竞争中就没有我国的应有位置，我们就很难迎接未来的军事挑战，我们在维护国家的独立、主权和安全上就会处于被动境地和遇到极大困难。必须深刻了解现代战争的特点和世界军事发展的趋势，按照"三步走"的战略目标，确定我们中长期发展的战略重点。战略性基础工程一旦确定，就要集中一切所能集中的人力、物力、财力，形成拳头，力争在较短时间内抓出成果。总之，既要全面部署，又要真正突出战略重点。

中共中央关于转发
《关于改革开放和发展社会主义
市场经济条件下军队思想政治建设
若干问题的决定》的通知

（一九九九年八月二十四日）

各省、自治区、直辖市党委，各大军区党委，中央各部委，国家机关各部委党组（党委），军委各总部、各军兵种党委，各人民团体党组：

现将《关于改革开放和发展社会主义市场经济条件下军队思想政治建设若干问题的决定》转发给你们。这个文件，以邓小平理论为指导，全面贯彻江泽民同志关于思想政治建设的重要论述，回顾改革开放二十年特别是党的十四大以来军队思想政治建设的实践，总结新时期军队思想政治建设的基本经验，分析新的历史条件和国际国内形势的变化，集中回答改革开放和发展社会主义市场经济条件下军队思想政治建设面临的重大问题，体现了古田会议以来我军政治工作的优良传统，对军队政治工作和现代化建设，将会产生重大而深远的影响。

重视思想政治建设是我们党和军队的特有优势。当前，国际战略格局正在发生深刻变化，我国社会正处在重大转折时期，思想政治领域存在复杂的矛盾和斗争。加强思想政治建设，对于坚持党的领导，贯彻党的基本理论、基本路线和基本纲领，维护和巩固改革、发展、稳定的大局，保证社会主义现代化建设的顺利进行，具有极为重要的意义。中国人民解放军是党绝对领导下的人民军队，是体现党和国家政治优势的重要力量，必须把思想政治建设摆在军队各项建设的首位，充分发挥政治工作生命线的作用。

打赢未来高技术战争，保持人民军队的性质、本色和作风，是新时期党对人民军队的最高政治要求。军队思想政治建设必须为打赢未来高技术战争提供强大的精神动力，为保持人民军队的性质、本色和作风提供可靠的政治保证。实现新时期思想政治建设使命，是全军各级党委、政治机关和广大政治干部的首要职责，是开展各项政治工作的出发点和落脚点。

《关于改革开放和发展社会主义市场经济条件下军队思想政治建设若干问题的决定》，不仅对加强军队思想政治建设具有重要的指导作用，其基本精神也适用于全党的思想政治建设。

中 共 中 央

一九九九年八月二十四日

关于改革开放和发展社会主义市场经济条件下军队思想政治建设若干问题的决定

（一九九九年七月全军政治工作会议讨论形成）

我们党在创建和领导人民军队的实践中，历来注重从思想上政治上建设部队。以毛泽东同志为核心的党的第一代领导集体，在长期革命斗争中确立的我军政治工作基本的理论、方针、原则和制度，无论过去、现在还是将来都是我们的政治优势。以邓小平同志和江泽民同志为核心的党的第二代、第三代领导集体，从我国社会主义现代化建设新时期的实际出发，丰富和发展了我军思想政治建设的理论和实践。在把建设有中国特色社会主义伟大事业全面推向二十一世纪的进程中，中国人民解放军肩负着重大责任。全军思想政治建设必须适应新的形势和任务，继承优良传统，总结新鲜经验，开创新的局面。

一、改革开放以来军队思想政治建设的基本实践。

以一九七八年党的十一届三中全会为标志，我国社会主义改革开放和现代化建设进入了新的历史发展时期。我们党把马克思主义的基本原理与当代中国的实际相结合，开辟了建设有中国特色社会主义的新道路，改革开放和社会主义现代化建设取得了辉煌成就。在这场深刻的社会变革中，我军建设的指导思想实现战略性转变，确立建设一支强大的现代化正规化革命军队的总目标；制定新时期军事战略方针，把军事斗争准备的基点放在打赢现代技术特别是高技术条件下的局部战争上；提出"政治合格、军事过硬、作风优良、纪律严明、保障有力"的总要求，加强部队特别是基层的全面建设；明确国防、军队现代化建设跨世纪发展"三步走"战略目标和武器装备发展的方向与重点，推动军队建设由数量规模型向质量效能型、由人力密集型向科技密集型转变；贯彻质量建设和科技强军战略，兴起高科技知识学习和科技练兵的热潮；走有中国特色的精兵之路，进行体制编制的重大调整改革，在八十年代裁军百万的基础上，进一步裁减军队员额五十万；胜利进行边境自卫还击作战和东南沿海联合军事演习，顺利进驻香港履行防务职责；积极支援国家经济建设，维护社会稳定，夺取一九九八年抗洪抢险斗争的伟大胜利；果断停止军队和武警部队的经商活动，维护人民军队的良好形象；努力探索新形势下治军的特点和规律，研究新情况，解决新问题，军队的建设和改革提高到新的水平。

伴随着国家、军队建设和改革的步伐，我军思想政治建设在拨乱反正中前进，在继承创新中发展，在服务保证中落实，在迎接挑战中加强，呈现出鲜明的时代特色。人民军队在思想上、政治上和组织上更加巩固，展现出新的风貌。主要标志是：经受住了国际风云变幻和国内政治风波的考验，一切行动听从党中央、中央军委指挥，保持了坚定正确的政治方向；经受住了"酒绿灯红"和腐朽思想文化侵蚀影响的考验，拒腐防变，保持了艰苦奋斗的政治本色；经受住了改革中利益关系调整的考验，自觉服从大局，甘愿牺牲奉献，保持了高度稳定和集中统一；经受住了军事斗争和各种急难险重任务的考验，忠实履行职能，保持了昂扬的士气、顽强的作风和无坚不摧的战斗力。全军和武警部队在伟大的历史转折中，坚定不移地跟党前进，紧紧地与最广大人民群众站在一起，成为巩固人民民主专政和社会主义制度的坚强柱石，党和人民高度信赖的威武文明之师。

新时期我军思想政治建设的成就和进步，是在邓小平理论指引下取得的。邓小平同志作为我国改革开放的总设计师，在开创建设有中国特色社会主义伟大事业的实践中，亲自领导我军进行全面整顿，消除"左"的错误思潮和"文化大革命"中林彪、"四人帮"对军队干扰破坏的影响，正本清源，重新确立实事求是的思想路线，使我军政治工作重新走上健康发展的轨道。邓小平同志关于我军要始终不渝地坚持党的军队、人民的军队、社会主义国家军队的性质的思想；关于恢复和发扬我党我军优良传统、保持老红军本色、弘扬"五种革命精神"的思想；关于军队要维护现在这个制度、这条道路、这些政策，服从国家经济建设大局的思想；关于按照革命化、年轻化、知识化、专业化方针选拔接班人的思想；关于培养有理想、有道德、有文化、有纪律的革命军人的思想；关于思想政治工作只能加强不能削弱的思想等等，是邓小平理论特别是新时期军队建设思想的重要组成部分，为新的历史条件下军队思想政治建设奠定了理论基础，指明了正确方向。

江泽民同志在领导我军现代化建设中，结合新的实践，运用毛泽东军事思想和邓小平新时期军队建设思想，提出了"思想政治建设"这一具有时代意义的重大任务，强调必须把思想政治建设摆在全军各项建设的首位，对加强思想政治建设从多方面作了深入阐述，提出了一系列重要思想。主要包括：要抓住用邓小平理论武装全军这个根本，坚定建设有中国特色社会主义的理想信念，毫不动摇地贯彻执行党的基本路线；要把坚持党对军队的绝对领导作为思想政治建设的核心，高度警惕敌对势力对我国"西化"、"分化"的政治图谋，防止"军队非党化、非政治化"等错误思潮对部队的渗透；要讲学习、讲政治、讲正气，全面提高领导干部的思想政治素质和领导能力；要始终不渝地坚持辩证唯物主义和历史唯物主义，十分警惕和防范唯心主义及其他违反马克思主义的错误思潮影响；要深入搞好爱国奉献、革命人生观、尊干爱兵和艰苦奋斗教育，帮助官兵树立正确的世界观、人生观、价值观；要抵御"酒绿灯红"和腐朽思想文化的侵蚀，反对拜金主义、享乐主义和极端个人主义；要办好解放军这个大学校，军队精神文明建设要走在全社会前列；要把正确的思想理论武装和现代科技特别是高科技知识武装结合起来，建设高素质干部队伍，培养新型军事人才；要坚持从严治党，加强高中级干部教育管理，搞好党风廉政建设，增强党组织的凝聚力和战斗力；要努力研究新情况，解决新问题，增强思想政治建设的针对性、系统性、创造性。江泽民同志的这些论述，具有重要的理论意义和实践意义，是指导军队思想政治建设的科学依据。

改革开放以来全军加强思想政治建设的实践得出的基本结论是：

——必须坚定不移地高举邓小平理论伟大旗帜。邓小平理论是毛泽东思想的继承和发展，是当代中国的马克思主义，是全党全军全国各族人民团结奋斗的根本思想基础。高举邓小平理论伟大旗帜，统一全军的思想和行动就有了科学的理论依据，战胜各种困难和风险就有了可靠的政治保证，推进军队建设和改革就有了强大的精神动力。要把用邓小平理论武装全军作为思想政治建设的长期任务，坚持这一理论在全军一切工作中的指导地位，保持军队建设的正确方向。

——必须确保党对军队的绝对领导。这是我军根本的建军原则和永远不变的军魂，任何时候都不能动摇。牢固树立党指挥枪的思想观念，坚决反对和抵制"军队非党化、非政治化"的错误思潮。坚持党领导军队的一系列制度，大力加强党的建设，选准配强各级领导班子，确保党在思想上、政治上、组织上切实掌握部队，使全军官兵自觉与党中央保持一致，一切行动听从党中央、中央军委指挥，永远忠于党、忠于人民、忠于国家、忠于社会主义。

——必须始终把思想政治建设摆在军队各项建设的首位。思想政治建设是革命化建设的核心，是政治工作最本质的部分，是搞好整个军队现代化建设的重要基础。无论做什么工作，没有正确的政治观点，就等于没有灵魂。指导军队的全盘工作，第一位的是讲政治，抓思想。解决部队面临的各种困难和矛盾，要着眼于从政治上进行观察和处理。越是深化改革、扩大开放，越要高度重视思想政治建设，充分发挥政治工作的生命线作用。

——必须紧紧围绕军队现代化建设这个中心。现代化水平与现代战争需要不相适应，是新时期我军建设的主要矛盾。实现现代化是军队建设的中心任务，各项工作都不能脱离这个中心。思想政治建设必须保证新时期军事战略方针的贯彻，保证质量建设、科技强军战略的落实，促进军事训练、后勤保障、装备建设等各项任务的完成。政治工作的服务保证作用，思想政治建设的成效，应当体现在军队现代化建设的发展和战斗力的提高上。

——必须坚持继承优良传统与改革创新的统一。我军在长期实践中形成的优良传统，具有强大生命力。在新的历史条件下，对体现我军性质的原则和制度，任何时候都要坚持，丢掉了就会动摇我军建设的根基。发扬我军优良传统，必须着眼于新的实践，坚持继承与创新相结合，总结和吸收新的经验，使我军的优良传统不断丰富发展，始终充满生机与活力。

二、新的历史条件下军队思想政治建设的使命。

进入新时期以来，我军建设所处的历史条件发生了重大而深刻的变化。两极对立的世界格局向多极化方向转变；高度集中的计划经济体制向社会主义市场经济体制转变；相对封闭的社会向全方位对外开放转变；一般条件下的战争向现代技术特别是高技术条件下的战争转变。军队思想政治建设既面临难得的发展机遇，也面临严峻的挑战和艰巨的任务。

和平与发展仍然是当今世界的主题。冷战结束后，世界走向多极化成为不可阻挡的历史潮流。但多极化世界格局的形成是一个长期曲折的发展过程，充满着复杂斗争，天下很不太平。美国倚仗其唯一超级大国的地位，加紧推行霸权主义、强权政治，实行新的"炮舰政策"，对世界和平构成严重威胁。西方敌对势力亡我之心不死，利用人权、民主、宗教、民族和领土等问题，采取政治、经济、军事、文化等手段，竭力对我实施"西化"、"分化"战略，企图搞垮社会主义中国。国际政治力量出现新的分化组合，维护我国周边安全的斗争更加复杂。国际局势趋于紧张时，容易使人看不清世界总的发展趋势，对党的独立自主的和平外交政策和以经济建设为中心的方针产生模糊认识；国际局势趋于缓和时，容易使人看不到和平中潜伏着动荡和不安，合作中交织着对抗与冲突，对霸权主义的反动本质缺乏清醒认识，对国际敌对势力的政治图谋丧失政治警觉，产生和平麻痹思想。

建立社会主义市场经济体制，是我们党的一项伟大创举。社会主义市场经济是同社会主义基本制度结合在一起的，既有利于解放和发展生产力，增强包括国防实力在内的综合国力，也有利于形成促进官兵成长进步的新思想、新道德、新风尚。但在社会重大转折时期，思想领域的矛盾和斗争不可避免地反映到军队内部特别是官兵思想上来。以公有制为主体、多种所有制经济共同发展和以按劳分配为主体、多种分配方式并存，使官兵思想观念和价值取向多样化。社会生活中利益驱动作用增大，官兵在实现个人利益与发扬牺牲奉献精神、改善物质生活与保持艰苦奋斗本色等方面遇到的矛盾日趋突出。价值规律和商品交换原则在经济生活中普遍运用，容易带来人际交往中的功利化、庸俗化倾向，对我军健康纯洁的内外关系产生不良影响。市场自身的弱点和消极影响，与种种腐朽思想文化交织在一起，对官兵思想道德具有很大的侵蚀作用。

对外开放的扩大，有利于吸收全人类文明的优秀成果，促进我国的物质文明和精神文明建设，有利于开阔视野，积极借鉴世界各国军队现代化建设的有益经验。但随着人员交往、各种交流的日趋频繁，现代传媒特别是国际互联网的迅速发展，各种信息大量涌入，增加了官兵在是非鉴别和行为选择上的复杂性。特别值得注意的是，国际敌对势力对我国的渗透破坏，使国内政治思想领域的斗争和一些社会矛盾往往带有复杂的国际背景，大大增加了防范和处置的难度，对保持部队的纯洁巩固提出了新的要求。

世界军事革命的迅速发展，高新技术在军事领域特别是现代战争中的广泛运用，引起战争形态、作战样式、军事理论和军队建设的一系列变革。各大国纷纷调整国防政策和军事战略，加强军队质量建设，以争取在未来战争中的优势。军事实力和国防实力是综合国力的重要组成部分，加快我军现代化建设的进程，加速发展高技术条件下克敌制胜的手段，已经成为重大而紧迫的政治任务。但是，一些同志对世界军事革命挑战的严峻性认识不足，对高科技知识和现代战争知之甚少，自身素质有较大差距。还有一些同志面对高新武器的作战效能，在决定战争胜负的因素、立足现有装备战胜敌人等问题上产生疑虑，影响了练兵积极性。同时，思想工作、组织工作、人才培养等，与现代战争的要求还有诸多不相适应的地方。

新的形势和新的任务，对我军建设提出了两个历史性课题：一个是在复杂的国际环境中，我军能不能跟上世界军事发展的趋势，打赢未来可能发生的高技术战争；一个是在社会主义市场经济和对外开放条件下，我军能不能保持人民军队的性质、本色和作风，始终成为党绝对领导下的革命军队。

根据这两个历史性课题，我军思想政治建设的使命是：为打赢未来高技术战争提供强大的精神动力，为保持人民军队的性质、本色和作风提供可靠的政治保证。

打赢未来高技术战争，是我军的神圣职责，事关国家安危、祖国统一、民族存亡。从政治指导、思想教育、舆论支持等方面为"打得赢"提供强大动力，是对军队思想政治建设的必然要求。思想觉悟、勇敢精神、顽强作风、铁的纪律，是战斗力的重要组成部分。重视人的因素，重视精神力量的作用，是我军长期革命斗争和建设的一条基本经验，也是我军现代化的鲜明特色。同世界军事强国相比，我军的武器装备在总体上将长期处于劣势，夺取未来战争胜利仍然要充分发挥强大的思想政治威力。

保持人民军队的性质、本色和作风，是我军的立军之本，关系到社会主义制度的巩固和国家的长治久安，是党和人民的根本利益所在。从政治上、思想上、组织上为"不变质"提供可靠保证，是军队思想政治建设的基本出发点和落脚点。只有大力加强思想政治建设，增强官兵政治上的坚定性和思想道德上的纯洁性，才能使我军永远保持和发扬优良传统，经受住复杂斗争的考验，成为体现党和国家政治优势的重要力量。

全军要努力实现思想政治建设的使命，使我们这支军队始终成为与党同心同德，坚决听从党指挥的军队；始终成为用革命理想信念凝聚起来，坚定捍卫有中国特色社会主义伟大事业的军队；始终成为全心全意为人民服务，具有高尚道德情操，拒腐蚀、永不沾的军队；始终成为斗志高昂，英勇善战，具有强大战斗力的军队。

三、从社会主义初级阶段实际出发指导思想政治建设。

我国正处于并将长期处于社会主义初级阶段。这是党在现阶段全部理论和全部实践的客观依据。军队思想政治建设必须从这一最大实际出发，把社会主义的本质要求与初级阶段的具体条件结合起来，坚持实事求是，增强针对性和有效性。认为思想政治建设可以不考虑初级阶段的实际情况是错误的，认为初级阶段可以降低思想政治建设的标准和要求也是错误的。

正确把握初级阶段我国国情的本质特征，把用党在社会主义初级阶段的基本理论、基本路线、基本纲领统一思想和行动，作为新时期军队思想政治建设的根本任务。我国走的是社会主义道路，我们的社会主义还处在初级阶段，这是我国国情的本质特征。党在现阶段的基本理论、基本路线、基本纲领，是对国情的科学揭示，是我们党、国家和军队各项工作的科学指南。要自觉用"三个基本"观察分析当代中国各种社会现象，既坚决抵制背离四项基本原则的错误言行，反对资产阶级自由化，又切实纠正那些对社会主义原则、模式的教条式理解和认识。要用"三个基本"坚定官兵的理想信念，既坚持共产主义的远大理想，又脚踏实地地为实现建设有中国特色社会主义共同理想作贡献。要用"三个基本"指导部队的思想教育和经常性思想工作，回答解决各种现实思想问题，澄清种种模糊认识，增强全军贯彻执行党的路线方针政策的自觉性和坚定性。

正确把握社会主义初级阶段社会关系的变化，用不同的方式处理不同性质的矛盾，是思想政治建设的经常性工作。在社会主义初级阶段，社会的主要矛盾是人民日益增长的物质文化需要同落后的社会生产之间的矛盾。在建立社会主义市场经济体制过程中，由于经济成分和经济利益的多样化，社会生活方式的多样化，社会组织的多样化，社会岗位和就业形式的多样化，人民内部矛盾呈现出错综复杂的状况。同时，阶级斗争在一定范围内仍然存在，敌对势力的颠覆、分裂等破坏活动一刻也没有停止。这些情况，必然反映到部队中来，对官兵的思想政治观念和部队的内外关系带来很大影响。要增强政治敏锐性和政治鉴别力，密切关注社会动向，高度警惕敌对势力的心战、策反和渗透活动，防止拉出去、打进来。对军人参加地方社团组织、涉外活动，要加强管理，严格制度，禁止参与宗教、迷信和一切非法组织的活动。对一些带有复杂背景的问题，要正确区分性质，严格把握政策界限，慎重妥善处理。对官兵之间、上下之间、军政军民之间，个人利益与集体利益、局部利益与全局利益、眼前利益与长远利益等矛盾，以及一般的落后思想和消极情绪，要坚持积极化解，正面疏导，防止因工作方式方法不当激化矛盾，影响部队的团结稳定。

正确把握初级阶段工作对象的特点，坚持先进性要求与广泛性要求相结合，使思想政治建设更好地引导群众、掌握群众。我军作为党领导下的执行革命政治任务的武装集团，是社会成员中比较先进的部分，必须以党的理想为理想，以党的奋斗目标为目标。军队的精神文明建设要努力走在全社会前列，坚定不移地按照有理想、有道德、有文化、有纪律的目标培养合格的革命军人。同时，要充分考虑到官兵在觉悟程度、道德水准、文化基础、接受能力和社会经历等方面存在的差异，遵循官兵成长进步的规律，把长远目标与阶段性要求结合起来，区分层次，循序渐进。要根据不同时期、驻不同地区、担负不同任务部队官兵的思想情况，确定思想政治建设的工作内容和形式，实施分类指导。要适应社会生活的丰富发展，尊重官兵正当的个人追求和情趣爱好，做好教育引导工作。

四、突出拥护和支持改革这个时代性课题。

改革是我国的第二次革命，是国家富强、民族振兴的必由之路，是推进建设有中国特色社会主义事业的动力。全军官兵坚定拥护和支持改革，表现出高度的自觉性。但改革是一个长期的历史过程，始终充满着矛盾、困难甚至风险。军队建设的发展，官兵思想的变化，都与改革实践息息相关。军队思想政治建设必须把拥护和支持改革作为历史性任务，引导全军与党同心同德，与改革共命运，切实担当起在改革、发展和稳定中肩负的政治责任。

从根本上坚定对改革的信念。新形势下官兵对改革的各种思想反映，集中表现为对改革性质和前景的认识。要学习党的基本理论，帮助官兵自觉运用邓小平同志提出的"三个有利于"的根本标准，正确判断改革中的是非得失，坚信改革是强国富民之路。要了解社会改革实践，让官兵走出军营看改革，增加对改革巨大成就的感性认识。要熟悉国家改革历史，把党领导改革开放的奋斗历程作为当代最新最活的社会主义发展史和生动实际的理想信念教科书，充分运用这笔宝贵财富进行改革教育。坚定对改革的信念要贯穿于改革开放的始终，特别是当改革遇到重大困难和突出矛盾时，当国际形势出现重大变化时，更要引导官兵毫不动摇地坚持党的基本路线，坚决拥护党和国家推进改革的重大决策，坚信我们党能够驾驭全局，领导改革走向胜利。

正确对待改革中利益关系的调整。改革的过程是一个利益格局不断调整的过程，越是深化改革，越会触及各种深层的利益矛盾。这是引发官兵许多现实思想问题的重要原因。正确认识和对待利益关系调整，对于官兵坚定地拥护和支持改革，保持部队思想稳定至关重要。要服从国家经济建设大局，摆正军队建设在国家改革发展中的位置，自觉在大局下行动。对党和国家各项改革的政策和举措，必须不折不扣地贯彻落实，不能符合本单位、本部门利益的就执行，不符合的就打折扣、搞变通。在军费供需矛盾短期内不可能根本解决的情况下，要体谅国家困难，坚持勤俭建军，勤俭办一切事业。要引导官兵站在改革全局的高度，自觉为党为国分忧，在个人进退去留、家属子女就业安置等事关切身利益的问题上，转变观念，调整心态，理顺情绪，增强对改革的承受能力。

积极为推进改革贡献力量。改革需要安全稳定的国际国内环境。为改革开放提供坚强有力的安全保障，是我军性质和职能所决定的，是拥护和支持改革的重要体现。要保持高度警惕，随时准备应付各种突发事件，做好维护社会稳定的工作。大力支援国家经济建设，积极参加地方重点工程建设、扶贫帮困、科技助民和国家倡导的社会公益事业。继续开展双拥共建活动，培养军地两用人才。勇于承担抢险救灾等各种最紧急、最艰难、最危险的任务，在保护国家利益和人民生命财产安全的斗争中，发挥生力军和突击队作用。军队的改革是国家改革的重要组成部分，要激发官兵搞好军队改革的责任感和积极性，保证党中央、中央军委关于军队改革决策的贯彻落实。要积极运用国家改革成果，学习和借鉴地方改革的成功经验，促进军队的建设和改革。

五、坚持不懈地强化革命军人的精神支柱。

革命的精神支柱历来是我军战斗力的重要组成部分，是凝聚军心、克服困难、战胜敌人的重要保证。在新的历史时期，我军之所以能够经受住各种考验，出色地完成党和人民赋予的各项任务，很重要的在于全军始终没有放松强化精神支柱的工作。同时必须看到，各种错误思潮和腐朽思想文化对官兵精神支柱的冲击与影响不可低估。有的理想信念动摇，不相信马克思主义，对社会主义的前途信心不足；有的崇拜金钱，不择手段地聚敛财富，甚至丧失国格、人格；有的思想颓废，斗志衰退，欣赏和追求低级趣味；有的精神空虚，相信伪科学，在各种迷信活动中寻找寄托；有的个人至上，追名逐利，跑官要官，脱离群众。这些都说明新形势下进一步强化精神支柱的重要性和紧迫性。

当代革命军人的精神支柱，主要是坚定的革命理想信念和自觉的牺牲奉献精神。坚定的革命理想信念，是我军精神支柱的核心之点。作为革命军人，必须做到政治合格，任何时候都要坚信马列主义、毛泽东思想和邓小平理论，坚信辩证唯物主义和历史唯物主义的科学世界观，坚信建设有中国特色社会主义的共同理想和崇高的共产主义理想，坚信中国共产党的领导。自觉的牺牲奉献精神，是我军精神支柱的本质特征。作为革命军人，必须牢记神圣职责，任何时候都要把党、人民、祖国的利益放在高于一切的位置，都要大力发扬爱国主义和革命英雄主义精神，都要始终保持不为强敌所屈、不为金钱所动、不为名利所惑的革命气节。

强化精神支柱，最重要的是帮助官兵树立马克思主义的科学世界观，坚持全心全意为人民服务的宗旨，培养与建设有中国特色社会主义的要求相适应，与革命军人特殊使命相一致的人生观、价值观。

——坚持用正确的思想理论教育官兵。紧紧抓住邓小平理论武装这个根本，结合形势、任务和官兵的思想实际，深入开展爱国奉献、革命人生观、尊干爱兵、艰苦奋斗教育，宣传唯物论和无神论，反对唯心主义、封建迷信和伪科学，坚决抵制拜金主义、享乐主义、极端个人主义和各种错误思潮的侵蚀和影响。

——坚持用昂扬的革命精神激励官兵。大力弘扬"五种革命精神"、"六十四字创业精神"和伟大的抗洪精神，深入开展学雷锋、学李向群、学英模活动，保持文艺创作、新闻出版的正确方向，坚决抵制涣散军心士气、销蚀官兵斗志的精神毒品和格调低下的文化产品，牢牢占领军营思想文化阵地。

——坚持用良好的政治环境熏陶官兵。按照规定升挂国旗，奏唱国歌、军歌，张贴领袖题词、英模画像，举行授衔、授枪仪式，建立和完善军史馆、荣誉室等纪念场馆和设施，活跃共青团、军人委员会工作，组织好重大节日纪念活动，营造有利于官兵健康成长的良好氛围，激发军人的自豪感和荣誉感。

——坚持用严格的组织纪律约束官兵。把经常性教育和经常性管理结合起来，落实条令条例，从严治军，注重养成，培养官兵高度自觉的服从意识和令行禁止的作风，充分发挥纪律对强化官兵精神支柱的引导和规范作用。

六、把着眼点放在全面提高官兵素质上。

官兵素质是军队建设水平的基本标志，是我军履行职能、完成各项任务的决定性因素。保持坚定正确的政治方向，贯彻质量建设和科技强军的方针，实现我军现代化建设大的发展，归根到底要靠提高人的素质。社会经济文化的进步，武器装备的更新，现代战争形态的变化，从多方面对官兵的素质提出了更高的要求。思想政治建设必须积极适应这种变化，全面培养人、塑造人，真正在提高官兵素质上下功夫、见成效。这是新时期部队思想政治建设必须遵循的一个重要指导原则。

全面提高官兵素质，就是要适应军队现代化建设需要，培养造就具有良好的思想政治素质、军事专业素质、科学文化素质、身体心理素质的全面发展的新一代官兵。根据这样的要求，军队思想政治建设必须坚持提高政治素质与培养综合素质相统一，灌输先进思想与学习文化知识相统一，教育引导与实践锻炼相统一，严格纪律约束与提高自控能力相统一。提高官兵的政治觉悟，要在灌输革命道理的同时，加强相关知识的传授，使官兵的思想觉悟建立在相应的知识文化水平基础之上。解决现实思想问题，要在分清是非、提高认识的同时，加强心理疏导和行为引导，培养官兵健全的人格和健康的心理，提高自强自立的能力。活跃业余文化生活，要在保持军营特色、发挥思想教育功能的同时，重视提高官兵的艺术修养、审美情趣和鉴赏能力，寓教于乐，乐有所获。加强部队管理教育，要在严明纪律、严格制度的同时，坚持管教结合、疏堵结合，增强官兵的法纪意识和自律意识，并积极创造条件，让官兵从社会大课堂中汲取营养，增长见识。

全面提高官兵素质，必须把正确的思想理论武装和现代科技特别是高科技知识的武装作为基本途径。理论武装工作，中心是学习掌握邓小平理论的科学体系和精神实质，紧密联系思想和工作实际，使这一理论转化为坚定的理想信念，转化为科学的立场、观点和方法，转化为搞好部队建设的实际能力。掌握现代科技知识是实现科技强军、驾驭现代战争的必备条件，也是确立科学世界观、方法论的重要基础。组织官兵学习现代科技知识，调动科技练兵积极性，是思想政治建设贯彻科技强军方针的重要实践活动。现代科技知识的学习要纳入教育训练轨道，纳入干部在职培训计划，纳入院校教学体系，纳入党委中心组和理论读书班的学习内容，做到经常化、制度化、规范化。学习要注重实效，不断增强官兵的现代意识、科技意识和创新意识，提高掌握现代武器装备的能力。围绕"两个武装"大兴学习之风，在青年官兵中广泛开展学习成才活动，形成浓厚的学习氛围。全军各级机关要加大对学习的指导力度，加大物资经费投入，积极创造条件，保证"两个武装"工作的落实。

全面提高官兵素质，重点是建设一支高素质的干部队伍。要牢固确立抓干部素质就是抓部队根本建设、就是对军队长远发展负责的观念。干部的生长培训，要注重综合素质，发挥院校主渠道作用，走依托国民教育培养干部的路子，重视抓好继续教育；院校教育要跟踪现代科技和军事发展的前沿，改革教学内容，提高培训层次，造就大批既懂政治又懂军事，既懂指挥管理又懂专业技术的高素质新型军事人才。干部的在职学习，要有制度，有规划，系统安排，分步实施，全面提高知识素养和创新能力。干部的实践锻炼，不仅要重视一般工作经验的积累，更要重视提高解决现代化建设中各种复杂问题、指挥现代战争的能力。搞好部队、机关、院校以及军兵种之间干部的交流，对有培养前途的干部除安排到边远艰苦地区和重点部队任职外，还要有意识地放到现代化程度高的单位去锻炼提高。干部的选拔使用，要把思想政治标准与知识能力标准有机统一起来，注意优化领导班子的素质结构。选拔年轻干部不能单看年龄因素，要看综合素质和发展潜力，保证大批优秀年轻干部脱颖而出。

七、正确认识和运用物质利益原则。

重视和关心官兵的物质利益，引导官兵认识自己的根本利益并自觉地为之奋斗，体现了唯物史观的基本要求，是我党我军的优良传统。在发展社会主义市场经济条件下，物质利益对人们思想行为的驱动作用明显增大，由各种利益矛盾引起的思想问题比以往更为突出。能否引导官兵正确认识和对待物质利益，关系到能否保持我军政治优势和部队的凝聚力。这是新形势下部队思想政治建设必须正视的重大现实问题。

贯彻物质利益原则必须充分考虑到我军的特殊要求。我军是为人民利益而结合、而战斗的。军队贯彻物质利益原则，应当始终着眼于激发和调动官兵积极性，使他们更加自觉地为人民的利益而奋斗。军人的个人利益存在于国家和人民的整体利益之中，物质待遇只能随着经济的发展和人民生活水平的提高而逐步改善，不能简单照搬经济领域调节利益关系的具体做法。要牢固树立革命军人的利益观，坚持国家、集体和个人三者利益的统一，自觉以个人利益服从国家和集体利益，弘扬牺牲奉献精神，永葆艰苦奋斗的政治本色，坚决反对个人利益至上、金钱至上的错误思想。

努力实现和维护广大官兵的切身利益。新形势下部队中许多思想问题是由实际问题引起的，看不到这一点，思想工作就会脱离实际。应当承认，对理想信念的追求与对物质利益的合理要求都是官兵的正常需要，解决思想问题与解决实际问题都是思想政治工作的重要责任，精神激励与物质鼓励都是调动积极性的必要手段。要善于从利益动因上分析官兵的思想变化，把正确的思想引导同关心解决实际问题结合起来。要实现好、维护好、保障好官兵切身利益，立足现有条件，发挥组织优势，依据政策制度，千方百计地为他们排忧解难。对官兵休假、探亲、体检、疗养等应有的待遇，要给予切实保障。对在军事训练、国防科研、完成重大任务中贡献突出，长期工作在边远艰苦地区作出特殊奉献的，要给予相应的物质奖励和补偿。对军人家属就业、家庭住房、子女入托入学等方面的困难，要积极协调地方政府部门落实好有关政策，想方设法予以解决。领导机关要心想基层，情系官兵，把有限的财力、物力更多地用于改善部队的物质文化生活，创造有利于官兵安心服役的良好环境。

重视和关心官兵的切身利益，决不意味着可以忽视和放松思想工作，更不能简单地用给钱给物代替思想教育和引导。任何时候都要相信思想工作的威力，相信广大官兵的基本觉悟，始终抓住思想教育这个中心环节，纠正思想工作对解决利益问题无能为力、无所作为的看法。对党和国家解决军人物质利益问题的各项政策，要结合国情、军情搞好宣传教育，使官兵切身感受到党和人民的关心厚爱。对因客观条件限制一时解决不了的实际问题，要讲清道理，引导官兵正确对待，自觉体谅国家困难。对不切实际的物质要求和错误的利益观点，要理直气壮地批评教育，不能迎合迁就，防止错误思想和消极情绪滋长蔓延，影响军心士气。

八、发挥法规制度在思想政治建设中的作用。

贯彻依法治军的方针，依靠法规制度的调节、规范和强制作用，巩固党领导人民军队的优良传统和新的经验，保证党的意志和主张在部队更好地落实，是提高思想政治建设质量和效果的重要途径，也是军队正规化建设的必然要求。在实际工作中，法规意识淡薄，不善于运用法规制度解决问题，不习惯依照法规制度开展工作，不重视法规制度建设，带有一定的普遍性。这不仅直接影响思想政治建设的实效，而且助长领导和机关的官僚主义、形式主义。必须转变观念，拓宽路子，把法规制度的建设和运用作为新时期加强思想政治建设的重要内容和手段。

充分发挥法规制度的功能，巩固和增强思想教育的效果。思想教育是实现思想政治建设任务的中心环节，法规制度同样具有不可替代的教育引导作用。在工作指导上，要坚持搞好思想教育和运用法规制度的有机结合。思想教育坚持和倡导的原则，应当从法规制度上给予鼓励和支持，弘扬正气，更好地激励官兵献身国防、建功立业。思想教育反对的东西，要用法规制度进行严格的约束和诫勉，规范行为，鞭策后进，为整肃风气、防止和纠正不良倾向提供警示作用。对那些反复抓教育、提要求，仍然屡禁不止、久治不愈的问题，对那些由于法规制度不完善、不合理引发的问题，要通过建立和健全法规制度加以解决，不断提高思想政治建设各项工作的法规制度水平。

社会主义民主政治的发展，官兵民主意识的普遍增强，要求更好地运用法规制度规范和引导军队的民主生活，维护和保障官兵的民主权利。各项民主生活要严格规范在法纪允许的范围内，按照条令条例赋予官兵的权利和义务，有领导、有组织、有秩序地开展，抵制各种错误的民主观点对官兵的侵蚀影响，维护军队铁的纪律和集中统一。认真落实基层的各项民主制度，发挥旅团军人代表会议、连队军人委员会和军人大会的作用。对考学、提干、选拔培养技术兵、选取士官以及立功授奖等涉及士兵切身利益的问题，要严格按规定办。坚持官兵政治平等，依法文明带兵，尊重士兵人格，杜绝侮辱、打骂、体罚或变相体罚士兵，禁止私拆、扣压个人信件，不许随意查看士兵日记和搜查私人物品，不得随意扩散士兵个人和家庭隐私。

随着改革的深化和依法治国、建设社会主义法治国家的推进，部队中涉法问题明显增多，对官兵的思想稳定带来一定影响。解决这类问题，不能仅靠思想教育和行政调解，必须重视运用法律手段。处理军地之间的利益矛盾和纠纷，要讲团结、讲风格，但必须依据国家和军队的法律法规，分清责任，明确权利和义务，维护国家的军事利益和军人的合法权益。对官兵及其家庭遇到的经济、民事、刑事等方面的法律问题，要在做好思想稳定工作的同时，会同地方有关部门为官兵提供法律帮助，依法维护他们的正当权益。部队内部的违法问题，必须依法处理，不能以情代法，以言代法。政治机关要进一步抓好普及法律知识的教育，加强法律骨干队伍建设，积极为部队和官兵提供法律咨询和法律服务。

发挥法规制度在思想政治建设中的作用，关键是领导机关要增强依据法规制度指导工作的自觉性。我军加强思想政治建设的一系列法规制度，是人民军队优良传统的结晶，是新时期思想政治建设实践经验的总结和概括。领导干部和领导机关，首先要带头接受法规制度的约束和规范，转变思路和工作方式。下发指示，部署工作，要有法规制度依据。解决部队存在的问题，要严格按章办事，维护法规制度的严肃性和权威性。抓工作落实，要坚持按级负责，不越俎代庖。机关部门要各司其职，分工负责，同类工作实行归口管理，防止政出多门。检查评估工作，要依据法规制度确立的标准，不能把离开条令条例搞高指标混同于高标准、严要求，不能把违背规章制度搞华而不实的东西作为新经验、新创造加以肯定。对检查考核要严格规范，切实纠正过多过滥、干扰部队工作、增加基层负担等问题。要把检查监督法规制度的贯彻落实作为领导机关的重要职责和经常性工作，使思想政治建设的各项工作沿着科学化、正规化的方向发展。

九、切实增强党组织的凝聚力和战斗力。

加强军队党的建设，增强党组织的凝聚力和战斗力，既是思想政治建设的重要任务，又是推进新时期我军思想政治建设发展的组织保证。改革开放给军队党的建设注入了新的活力，同时也使党的思想、组织和作风建设的任务比以往任何时候都更加繁重。切实解决军队党的建设上存在的突出问题，把各级党组织建设成为政治坚定、思想统一、作风端正、经得起各种考验的坚强集体，是坚持党的绝对领导、保持人民军队性质带根本性的重大问题。务必把党的建设作为军队建设的全局性任务，聚精会神地抓紧抓好。

增强党组织的凝聚力和战斗力，首要的是讲政治。党的领导主要是思想政治领导。在当前世界社会主义处于低潮，我国社会转型时期各方面矛盾比较突出的情况下，坚定党组织和共产党员的政治立场、政治方向，保持党在思想政治上的先进性，对于坚持党对军队的绝对领导，具有决定性的意义。任何时候都要坚定政治信念，坚信社会发展的必然规律，对党的事业充满必胜信心。任何时候都要保持高度的政治警觉，善于从政治上观察、分析和处理问题，切实肩负起共产党人的政治责任。任何时候都要具有很强的政治鉴别力，在复杂的斗争中，在大是大非面前，头脑清醒，立场坚定，旗帜鲜明。任何时候都要严守政治纪律，自觉维护党的利益和集中统一，做到令行禁止，保证政令军令畅通。通过增强讲政治的具体能力，提高军队党组织建设的政治水平。

坚强有力的集体领导，是党组织的凝聚力和战斗力的集中体现。党委要贯彻民主集中制原则，坚持集体领导，民主集中，个别酝酿，会议决定，落实党委统一的集体领导下的首长分工负责制。凡属贯彻上级命令指示、安排部署全局性工作、执行重要任务、选拔使用干部、分析掌握部队思想、处理大案要案以及大项经费开支等重大问题，都要经过党委充分讨论，按照少数服从多数的原则作出决定，既不能议而不决，又要防止和克服个人专断或少数人说了算。党委成员要胸襟开阔，顾全大局，积极参与集体领导，自觉维护"一班人"的团结。党委要高度重视对部队的思想政治领导，议大事，抓根本，始终把贯彻党的路线方针政策、坚持党对军队绝对领导的制度、保持人民军队的政治本色摆在头等重要位置，充分发挥核心领导作用。

良好的思想作风，对增强党组织的凝聚力和战斗力极为重要。认真解决思想作风方面存在的问题，是军队党的建设的经常性任务。忽视和放松思想作风建设，不仅会损害党的健康肌体，而且影响军风士气。要深入持久地开展以讲学习、讲政治、讲正气为主要内容的党性党风教育，加强党员的党性修养和锻炼，增强党的观念，充分发挥先锋模范作用。要牢记党的宗旨，坚持群众路线，保持同群众的血肉联系，纠正脱离群众的官僚主义。要坚持不懈地抓好党风廉政建设，克服各种消极腐败现象，尤其是用人上的不正之风。要增强党内生活的原则性、战斗性，积极开展批评与自我批评，反对自由主义、好人主义，同一切危害党的事业的错误思想和行为作坚决斗争。要加强党的基层组织建设，坚持党管党员、党管干部，通过党的经常性工作，把每一个党员管住管好，充分发挥党支部的战斗堡垒作用。

党的干部的自身形象，直接影响党的威信和党群关系。要把从严治党，严格对高中级干部的教育管理，作为增强党组织凝聚力和战斗力的重要方面。党组织不仅要管干部的选拔使用，更要管干部的思想作风。要真正了解干部，切实掌握他们在政治倾向、思想变化、精神状态、廉洁自律、社会交往以及配偶子女等方面的情况。加强党内监督，畅通民主渠道，发挥机关职能部门监督、群众监督和舆论监督的作用。落实报告工作制度，领导干部每年要在一定范围内述职，接受评议，倾听群众的意见和呼声。领导干部要坚持过双重组织生活，自觉接受党组织监督。离退休干部也要自觉接受党组织的监督管理，严于律己，保持革命晚节。要紧紧围绕坚定政治信念、正确行使权力，引导高中级干部加强世界观的改造和建设，做到自重、自省、自警、自励，过好金钱、权力、美色关，努力成为党和人民利益的忠实维护者，我党我军优良作风和中华民族传统美德的模范继承者，社会主义精神文明的带头实践者。

十、面向新世纪军队政治工作的改革与发展。

新时期军队思想政治建设的重大使命，要通过强有力的政治工作去实现。我军政治工作在七十多年的光辉历程中，发挥了巨大威力，建立了不可磨灭的功绩。从现在起到下个世纪中叶，我国要建立比较完善的社会主义市场经济体制，基本实现现代化，建成富强、民主、文明的社会主义国家；我军将在有中国特色的精兵之路上迈出历史性步伐，成为强大的现代化、正规化革命军队。政治工作必须在坚持优良传统的基础上，跟上新的形势，更新思想观念，对工作内容、政策制度和方式手段等方面不相适应的部分积极进行探索和改革。

军队政治工作改革总的原则是：解放思想，实事求是，保持优势，创新发展。通过改革，增强政治工作的针对性、系统性、创造性，更加有力地发挥服务保证作用。军队政治工作改革是一个不断探索的过程，要努力摆脱过时的思想观念和陈旧思维方式的束缚，勇于研究新情况，解决新问题，创造新经验。立足于国家、军队建设和改革的实际，努力掌握新形势下政治工作的特点和规律。着眼政治工作的长远发展，学习借鉴一切反映时代要求的科学有益的东西。力戒形式主义，注重建设，讲求实效。总之，政治工作的各项改革，都要有利于发挥我军特有的政治优势，有利于保持部队的高度稳定和集中统一，有利于提高战斗力。

军队政治工作改革，是在坚持我军根本原则和制度的前提下，推进政治工作的改进、发展和完善。主要是：（一）探索优良传统的新发展。随着时代的发展和历史条件的变化，要在继承和发扬光大传统的基础上，不断赋予传统以新的内涵，创造新的实现形式。要尊重群众的首创精神，注意总结群众实践的新经验。对一些过时的具体做法要大胆摈弃，对附加在优良传统名义下的"左"的东西要坚决剥离。（二）拓展服务保证的新领域。新时期我军履行职能内容和方式的变化，部队教育训练实践的丰富发展，兵役制度、体制编制的调整改革，军营生活与社会联系的日益密切，对外军事交往的显著增多，使政治工作遇到了许多未曾有过的课题，尤其是给政治教育提出了新的要求。必须面对新情况、新领域，丰富内容，拓宽路子，找出新的对策和办法。（三）形成政策制度的新体系。把政策制度的调整完善作为政治工作改革的重点，没有的要建立，不适应的要调整，不健全的要完善。特别是对矛盾突出、与官兵切身利益关系密切的政策制度，要抓紧论证，加快改革步伐，逐步建立起与社会主义市场经济发展和国家有关的政策制度改革相衔接、符合我军实际的政策制度体系。

（四）运用科学先进的新手段。积极吸取现代科技发展的成果，在信息掌握、情况处理、知识传播、思想教育等方面，注意发挥计算机网络等现代信息技术和大众传媒的作用。善于运用社会学、教育学、心理学、管理学等多学科的知识和方法，增强政治工作的科学性。

政治工作改革是牵动军队建设全局的大事，是长期而艰巨的任务，必须积极稳妥地进行。要把领导机关的积极性与部队的积极性结合起来，坚持从群众中来，到群众中去。要把整体谋划与重点突破结合起来，条件成熟的要坚决果断地改，逐步积累改革成果，一步一个脚印地向前推进。要把理论上的探索与实际工作的改进结合起来，坚持理论联系实际，及时把研究成果转化和运用到实际工作中去。要把学习借鉴与保持我军特色结合起来，对地方的先进经验和外军某些好的做法，既要积极消化吸收，形成有益于我军建设的东西，又不能简单照搬，以保证政治工作改革的健康发展。

完成新时期军队思想政治建设的使命，推进政治工作的改革与发展，政治机关和政治干部责任重大。政治工作是党的工作，政治机关是党的工作机关，政治干部是政治工作的组织者和实施者。在新的历史条件下，全军政治机关和广大政治干部在各级党委的领导下，坚决贯彻党中央、中央军委的指示，为加强和改进政治工作，促进部队全面建设作出了重要贡献。新的形势和任务对军队政治工作提出了更高的要求。各级政治机关和广大政治干部，要忠诚和热爱军队政治工作事业，保持昂扬的精神状态，发扬求真务实的作风，树立言行一致的良好形象，坚定信心，迎难而上，勤奋学习，扎实工作，不断提高科学指导和组织实施政治工作的能力，提高把上级指示与本单位实际结合起来抓落实的能力，提高研究新情况解决新问题的能力，努力开创我军思想政治建设的新局面。

全军同志要高举邓小平理论伟大旗帜，在以江泽民同志为核心的党中央、中央军委领导下，振奋精神，团结一致，艰苦奋斗，开拓前进，为推进军队的革命化、现代化、正规化建设作出更大的贡献。

机械化和信息化
是我军建设的双重历史任务*

（二〇〇〇年十二月十一日）

江 泽 民

再过二十天，人类就要迈入二十一世纪了。回首二十世纪这一百年，可以用这么几句话来形容：国际政治风起云涌，世界经济蓬勃发展，科学技术突飞猛进，进步潮流浩浩荡荡，但东西方较量长期激烈，南北差距日益拉大，战争冲突连绵不断，全球矛盾错综复杂。展望未来，还是两句话：道路曲折，前景光明。

冷战结束以后，国际力量对比的基本形势是：西强东弱，北富南贫。资本主义还在发展，社会主义在世界范围内处于低潮；发达国家在经济、科技、军事等方面占有巨大优势，广大发展中国家在发展进程中还面临许多困难。党中央审时度势，坚持贯彻邓小平同志提出的冷静观察、沉着应付、绝不当头、有所作为的战略策略

＊ 这是江泽民同志在中央军委扩大会议上讲话的一部分。

方针，继续奉行独立自主的和平外交政策，在国际关系中精心运筹，纵横捭阖，利用矛盾，趋利避害，不断改善我国的安全环境，为改革开放和现代化建设争取了良好的外部条件。我国与各大国的关系总体上在稳定中发展，与广大发展中国家的关系不断推进，与周边国家的睦邻友好合作关系得到加强。我们在国际上坚持原则，伸张正义，推动建立和平稳定、公正合理的国际政治经济新秩序，受到国际社会的好评。

中央已经明确，继续推进现代化建设，完成祖国统一，维护世界和平与促进共同发展，是我们党和国家进入新世纪的三大任务。党的十五届五中全会确定了新世纪初我国发展的奋斗目标、指导方针和重要任务。实现这些任务，与国际环境有密切关系。我们必须站在时代前列，用马克思主义的政治眼光观察世界，正确判断新世纪初期我国安全面临的国际环境，以利抓住机遇，应对挑战，不断开拓前进。总的看，国际形势继续趋向缓和，促进世界和平与共同发展已成为时代潮流，世界大战在一个相当长时期内打不起来。这有利于我们集中精力继续进行经济建设，推进三大任务的完成。同时，也要看到，天下仍很不太平，霸权主义和强权政治仍是世界不安宁的主要根源，影响世界和平与安全的不确定因素还在增加。对于世界局势，我们必须保持全面、清醒的认识。归纳起来，我认为有四个重要因素将长时期对世界和平与安全产生深刻影响。

第一个因素是，世界多极化趋势在曲折中发展，称霸和反霸的斗争将长期存在。这是影响世界和平与安全的一个基本因素。走向多极化是当今世界的一个重要特征。新世纪初期，世界各大力量和地区性强国或国家集团，将在相互交往的过程中，进一步彼此借重、相互牵制、竞争共处。由于世界民主与和平力量的壮大，未来的多极化政治格局，不同于历史上列强争霸的政治局面。这种多极化是与日益发展的经济全球化和科技进步相互结合、相互促进的，它的最终形成将经历一个漫长、曲折、复杂的演进过程。单极和多极的矛盾，称霸和反霸的斗争，将成为二十一世纪相当长一个时期内国际斗争的焦点。

第二个因素是，经济全球化趋势不断加快，在推动生产力发展的同时，也加剧了世界发展不平衡的矛盾。经济全球化是当今世界的一个基本经济特征。随着生产力的发展和科学技术的进步，技术创新、知识应用、贸易投资、金融活动日益国际化，各国经济的相互交流、相互依存日益加深。经济全球化，是社会生产力发展的客观要求和必然结果，有利于生产要素在全球范围内的优化配置，带来了新的发展机遇。当今世界是开放的世界，任何一个国家都不可能完全脱离世界经济而孤立地发展。如果能够加以正确引导和驾驭，经济全球化有利于各国各地区加强经济技术合作，也有利于世界经济发展和国际社会稳定。

我们也应看到，经济全球化是一把双刃剑。现在，经济全球化是西方发达国家主导的。他们经济、科技实力雄厚，掌握着国际经贸组织以及国际经济规则的主导权，在全球化中获益最大，而广大发展中国家总体上处于不利地位。目前的经济全球化进程，正在导致南北差距进一步拉大，一些经济技术条件比较差的发展中国家面临着进一步被边缘化的危险。国际金融市场不稳定因素很多，一旦出现金融震荡，就会对世界各国特别是发展中国家造成强烈冲击。经济全球化不仅加剧着发达国家之间、发展中国家之间、发达国家和发展中国家之间在资金、技术、市场、资源方面的竞争，也加剧着一些国家内部的贫富矛盾，引发社会冲突。总之，一个发展很不平衡的世界，是不可能长期安宁的。

第三个因素是，世界新军事变革和全球性军事战略调整正在深入进行，西方军事干涉主义抬头，冷战结束后一度减弱的军事安全因素又在上升。随着高新技术尤其是信息技术在军事领域的广泛运用，一场新军事变革蓬勃兴起，世界主要国家普遍加强了以高技术为基础的军队现代化建设。发达国家和发展中国家的军事技术形态出现又一轮"时代差"。历史上西方列强以洋枪洋炮对亚非拉国家的大刀长矛的军事技术优势，正在转变为发达国家以信息化军事对发展中国家的机械化半机械化军事的新的军事技术优势。世界军事力量对比出现了新的严重失衡。

当前，世界上一些军事大国都在进行第二次世界大战以来最广泛、最深刻的军事战略调整。各主要国家军事战略调整的实质是，增强军事实力，强化军事力量在维护和扩展国家利益中的职能作用，谋求在世界多极化进程中占据优势地位，争夺在二十一世纪国际社会中的战略主动权。世界军事力量的总体规模虽呈下降趋势，但一些国家特别是西方发达国家军队的质量水平却不断提高。不少国家放缓裁军进程，大幅增加国防预算，加速发展高新技术武器和更新军备。

第四个因素是，许多国家和地区的民族矛盾、宗教矛盾激化，由此引发的武装冲突和局部战争此起彼伏。一九九〇年以来，世界上发生的武装冲突百分之八十起因于民族矛盾、宗教矛盾和领土争端。出现这种现象，有着错综复杂的原因。随着持续半个世纪的两极格局的瓦解，一些国家和地区的民族分裂势力和宗教极端势力获得了前所未有的活动空间，他们打着民族和宗教"复兴"的旗号走上政治舞台。南北贫富差距日益扩大，部分发展中国家的经济发展停滞、贫困化现象加剧，也给民族分裂势力和宗教极端势力滋长、膨胀提供了条件。一些西方国家，把民族问题、宗教问题作为推行霸权主义和强权政治、干涉他国内政的借口，不断插手和利用民族纠纷、宗教纠纷，纵容和支持民族分裂势力和宗教极端势力，更加剧了民族问题、宗教问题的复杂性。民族分裂势力和宗教极端势力的活动，已危及一些国家的政局稳定甚至主权和领土完整，严重妨碍这些国家的经济发展，并往往引起所在地区的动荡，对国际形势的缓和与稳定构成了威胁。

分析和权衡各方面的因素，进入新世纪，我国的安全环境总体上将继续保持稳定。但是，对影响我国安全形势的不确定因素，特别是有些因素在一定条件下可能突出和尖锐起来的现实，我们绝不能掉以轻心，必须全面审视，正确把握，周密部署，从容应对。

军事斗争准备作为我们军事战略的主要任务，牵动着我军现代化建设的全局。我军现代化水平与打赢现代技术特别是高技术条件下的局部战争的要求不相适应的矛盾仍很突出。可以说，我们抓紧进行军事斗争准备，也就抓住了当前军队建设的主要矛盾。我们要以军事斗争准备为龙头，通过局部跃升推动军队现代化建设的整体发展。只要我们聚精会神、埋头苦干，我军现代化建设就一定会迈上一个新的台阶，一定会胜利实现国防和军队现代化"三步走"战略目标的第一步任务，并为下个世纪中叶基本实现国防和军队现代化打下坚实的基础。

第一，要努力完成我军机械化和信息化建设的双重历史任务。本世纪以来，战争的基本形态，是以机器大工业为技术基础的机械化战争，最典型的是两次世界大战。目前，军队的作战方式和作战手段呈现出崭新的面貌，战争形态也在从机械化向信息化转变。武器装备趋向智能化，攻击兵器具有远程打击、精确制导和隐蔽突防能力，各种主要作战平台具有信息传感、目标探测与引导、信息攻击与防护能力。指挥控制趋向自动化，通过 C^4ISR 系统把战场上各军兵种武器系统、作战平台、保障装备结合成有机的整体，从而构成陆、海、空、天、电磁多维一体的战场。以电子战、计算机网络战为主要内容的信息战开始登上战争舞台。在传统的制海权、制空权以外，又出现了制信息权问题。在高技术战争中，没有制信息权就谈不上制海权、制空权。海湾战争以来的高技术局部战争表明，信息技术在现代战争中具有极为重要的作用。高技术战争，是以信息化为主要特征的。新军事变革，实质上是一场军事信息化革命。信息化正在成为军队战斗力的倍增器。正因为如此，发达国家都把信息化作为新世纪军队现代化建设的主要目标。可以预见，信息化战争将成为二十一世纪的主要战争形态。

当前，我军处在机械化任务尚未完成、同时又要努力向信息化过渡的特殊阶段。从新中国成立初期开始，毛泽东同志等老一辈无产阶级革命家就着手进行我军的机械化建设，重点建设海军、空军、二炮部队和陆军中的技术兵种。但是，受国家经济技术发展水平所限，我军现在仍然处于机械化半机械化阶段。至于信息化建设，还只是刚刚起步。经过近十年来的努力，我军指挥自动化建设已取得很大成绩，基本完成了军队信息处理的基础设施建设，军事信息保障条件和重点部队指挥手段已得到明显改善。但是，总的来看，我军指挥自动化水平仍比较低，信息战能力还很弱，必须尽快加以改变。

应该讲，我国的信息技术已达到了相当的水平，在以计算机为代表的不少信息技术领域，都有处于世界领先水平的成果。党的十五届五中全会提出，要大力推进国民经济和社会信息化。这为我军信息化建设提供了有利条件。我们必须乘国家加快国民经济和社会信息化发展之势，在加强军队机械化建设的同时，加快军队信息化建设。如果按部就班地在完成机械化建设任务后再进行信息化建设，就会坐失良机，无法赶上西方发达国家军队发展步伐。当然，如果放弃机械化建设，把建设重点全面转向信息化，也不符合我们的国情、军情，还可能欲速则不达。要致力于武器的电子火控系统和作为战场神经中枢的指挥自动化系统的建设，同时对现有武器装备进行信息化改造，以信息化带动机械化，最大限度地发挥后发优势，努力争取我军现代化的跨越式发展。

第二，要着力构建适应高技术战争要求的现代作战体系。早在一百多年前，恩格斯写过一篇题为《骑兵》的文章，其中引了拿破仑说的一段话：两个马木留克兵绝对能打赢三个法国兵，一百个法国兵与一百个马木留克兵势均力敌，三百个法国兵大都能战胜三百个马木留克兵，而一千个法国兵则总能打败一千五百个马木留克兵。其原因是法国骑兵有正规的作战组织形式，而马木留克兵没有，法国兵可以通过密切配合提高整体作战能力，打败单个素质优于自己的敌手。这个例子所揭示的组织优化出战斗力的道理，是适用于任何战争形态的。现在，军队的军种有三四个，兵种一二十个，专业多达千把个，因而军队的组织结构问题变得尤其重要。由于信息技术的发展，已经有可能将各种复杂的作战要素、作战单元联结成一个紧密结合、协调运行的作战体系。现代战争不是单个或数个作战力量单元之间的对抗，而是一个作战体系与另一个作战体系的对抗。如果作战体系结构不合理、功能不齐全，单凭几件先进武器是形不成强大的作战能力的。

新时期军事战略方针确立以来，我军现代作战体系建设有了很大进步，整体作战能力有了明显提高，但作战体系建设仍然是我军现代化建设的薄弱环节。我军与西方发达国家军队在现代化方面的差距，不仅是武器装备技术水平低，更重要的是作战体系不适应高技术战争的需要。对此，全军特别是各级领导干部务必有清醒的认识。

除了信息化水平低、缺乏能够把各种作战要素紧密联结起来的必要技术基础，还有一些重要问题影响我军的作战体系建设。一是领导指挥体制还不够完善，联合作战指挥体制没有建立起来。如果诸军兵种在战时联不起来，不能有效地遂行联合作战任务，就根本谈不上形成一个现代作战体系。二是武器装备发展不够配套。现在，我们已经确立了武器装备必须形成一个基本体系的思想，并且有所设计。三是作战力量结构不够合理。我们要继续加强海军、空军、二炮部队建设和各军兵种中的高技术部队建设，以形成足够的力量捍卫国家的主权和尊严。当然，海军、空军、二炮部队也不能盲目地增加规模和数量，而应该走注重质量建设的发展道路。另外，我军军官的数量太大，机关与部队的比例也不适当，机关大、层次多、机构臃肿的问题还没有得到根本解决。各种非作战保障单位也过多。四是后勤保障体制和国防动员体制不够健全。我军已经开始实行以军区为基础、统供与专供相结合的联勤体制，后勤保障社会化方面也有了重要进展，但还要前进，目标是建立三军一体、军民兼容、平战结合的联勤保障体制。国防动员建设这些年有很大进展，但也还要在体制机制上认真解决好战争潜力的动员问题，提高快速动员能力。总之，我们要尽早建立起一个结构合理、功能齐全、反应迅速，能够充分发挥诸军兵种联合作战效能和国家战争潜力的现代作战体系。

第三，要坚持用改革创新的精神搞好我军以现代化为中心的全面建设。经过多年的实践，我们取得了一条十分重要的经验，就是要以现代化为中心加强军队的全面建设，使军队的革命化、现代化、正规化相互促进、协调发展。进入新世纪，我们在加速推进军队现代化的同时，必须大力加强思想政治建设，促进军队的革命化。思想政治建设一定要适应国际国内形势的变化，适应社会生活出现的新情况新问题以及军事斗争准备对部队提出的新要求，坚持用马克思列宁主义、毛泽东思想、邓小平理论武装全军，使广大官兵坚定理想信念，增强走建设有中国特色社会主义道路的自觉性，坚持按照"三个代表"要求把各级党组织和干部队伍搞坚强，确保党对军队的绝对领导，确保部队高度稳定和集中统一，确保我军始终具有旺盛的战斗力，始终保持人民军队的性质、本色、作风。军队的正规化建设也要大力加强，坚持依法治军、从严治军，按条令条例、规章制度办事。各级都要强化依法治军观念，下决心解决有法不依的问题，克服主要靠会议、文件、讲话指导工作的习惯做法。今后，凡是军事法律法规和规章有明确规定的，就不要再发文件、作指示。马克思主义军事思想、军事理论的创新成果和新鲜的成功的治军经验要及时纳入法律法规。大家在工作中要认真转变领导方式和领导作风，使正规化建设更进一步。

军事工作、政治工作、后勤工作、装备工作，都要贯彻改革创新的精神。改革是国家发展的动力，也是军队发展的动力。要按照军队的特点，从军队的职能和任务出发，抓住军队建设的突出矛盾和主要问题，积极稳妥地推动军队体制编制、政策制度和保障方式的调整改革。要同国家有关部门密切配合，建立装备的科研、生产、采购、维修的竞争、评价、监督、激励机制。调整改革的核心是优化军队结构，理顺关系，促进部队战斗力的提高。

最后，我还要强调一个问题，就是要进一步完善科学决策的机制和手段。能否正确决策是军事斗争成败的关键。现代国防和军队建设是一个庞大的系统工程，涉及许多方面的问题，现代战争更是充满着复杂的变量和不测因素，这就要求我们必须实现决策科学化。我们必须坚持走群众路线，群策群力，集思广益，从群众中集中起正确的意见，再依靠群众贯彻到实践中去。凡属重大决策，都应该先由决策咨询机构进行研究论证，广泛听取专家意见，在多种方案中选择最佳方案，努力实现领导决策与专家辅助决策相结合。进行重大决策，光有定性分析是不够的，还必须有科学的定量分析。美军从七十年代开始就将计算机模拟技术用于作战训练、武器评估、作战条令检验以及作战力量分析等方面，建立了各种类型的作战模拟系统。我军对计算机作战模拟问题抓得也是较早的，七十年代末期就建立了军事运筹学和作战模拟专门机构。这个问题要进一步抓下去，努力建设我们的国防评估系统、武器装备发展评估系统、军队作战能力评估系统和质量较高的战略、战役层次的作战模型。对关系军队建设和作战全局的重大问题特别是军事斗争问题，都要进行计算机模拟研究，以提高我们的战略决策水平。

营造有利战略态势，
增强国家战略能力[*]

（二〇〇一年十月三十一日）

江 泽 民

九一一事件和美国对阿富汗的军事打击，对国际局势产生了深刻影响，也给我们的军事斗争准备提出了一些值得研究的问题。对于过去已制定的并被实践证明是正确的大政方针和行之有效的措施，我们要继续坚持。随着国内外形势的发展变化，我们还要不断研究和解决新问题。

一、关于在国际上营造有利的战略态势。

和平与发展仍然是当今时代的主题，世界多极化和经济全球化的趋势正在深入发展。在这样的国际大背景下，我们要解决好维护国家的主权和领土完整这样重大的政治问题，有没有一个有利的战略态势是大不一样的。当前和今后一个时期，我们要继续坚持邓小平同志

---

[*] 这是江泽民同志在军队一次重要会议上讲话的主要部分。

提出的冷静观察、沉着应付、绝不当头、有所作为的战略方针，从政治、经济、文化、军事等方面主动布局，纵横捭阖，在错综复杂的国际斗争中，促使国际环境继续朝着有利于我们的方向发展。

第一，要着眼于世界战略格局运筹大国关系。目前，受九一一事件以及美国在阿富汗开展军事行动的影响，大国关系正面临着新的调整。我们要抓住机遇，努力处理好同美国、俄罗斯、欧盟、日本等的关系，使我国在世界战略格局中取得更加有利的地位。

冷战结束以后，中美关系一直就很不平静，时好时坏。中央花了很大精力来处理中美关系，基本稳定了两国关系的大局。这次九一一事件以后，美国出于自身战略利益的考虑，在反对恐怖主义问题上要求我们支持和合作。中央及时采取措施，引导中美关系向好的方向发展。美国在对阿富汗采取行动的当晚，事先通过我国驻美国大使馆向我国进行了通报。十月八日晚，我又应约与布什总统通话。十月十九日，我在上海同他进行了会晤，中美确立要发展建设性的合作关系。相对前一段中美关系不太稳定的情况，这是一个很重要的进展。我重申了我们支持打击恐怖主义的原则立场，同时强调：有关军事行动应该针对恐怖主义活动的具体目标，避免伤及无辜百姓；应该充分发挥联合国的主导作用；应该有利于世界的和平与发展。这既表明了我国在反对恐怖主义问题上的原则立场，同时也为中美关系的进一步改善和发展创造了良好氛围。

第二，要着眼于地缘战略态势积极经略周边。我们要全面发展同周边国家的睦邻友好合作，使解决台湾问题有一个良好的周边战略态势。

现在，我国周边安全环境处于新中国成立以来较好的时期。我国已同除不丹以外的所有邻国建立或恢复了外交关系，同一些周边国家建立了各种不同类型的伙伴关系，解决了大量历史遗留问题。谋求同我国政治上友好、经济上合作，已成为大多数周边国家对华政策的主流。但是，周边形势也还存在一些不稳定不确定因素。

俄罗斯是我国最大的邻国，我们要把运筹中俄关系放在很重要的位置。中俄在主张世界多极化，反对霸权主义和强权政治，打击恐怖主义、分裂主义和极端主义三股恶势力等方面，有着共同利益。今年七月，我访问俄罗斯，同普京总统签署了《中俄睦邻友好合作条约》和《中俄元首莫斯科联合声明》，为中俄永做好邻居、好朋友、好伙伴奠定了法律基础，为二十一世纪两国关系健康发展确立了指导原则。这次在上海亚太经济合作组织领导人非正式会议期间，我又同他举行了会谈，他表示要进一步加强同中国在各个领域的合作。我们要进一步发展中俄战略协作伙伴关系，加强战略协调，共同维护全球战略平衡；加强安全互信，确保我国北部和西北边境长期稳定；加强两国人民的友谊，扩大两国关系发展的社会基础；加强经贸合作，筑牢两国政治关系的经济基础；加强军事领域特别是军事技术方面的合作，推动两国战略关系的深化。

东亚面临着台湾、南海和朝鲜半岛三个问题，是我们进行战略谋划的重点地区。我们对日本要坚持以争取合作为主。在历史问题和台湾问题上，要坚持原则。要加强两国经贸合作和文化交流，鼓励日本在东亚经济合作中发挥积极作用。要多做日本年轻一代政治家的工作，培育中日友好力量。我们要维护朝鲜半岛的和平稳定，积极发展同东盟国家的关系，努力保持东北亚和东南亚两个战略方向的稳定。

南亚和中亚是我国周边安全的两个重要侧翼，必须处理好。中印两国有不少共同利益和可以合作的领域，我们应该本着求同存异的原则，改善同印度的关系，支持印巴对话，缓和南亚紧张局势。中亚在冷战结束后出现了两个突出的情况，一是三股恶势力活动猖獗，二是美国在中亚的军事存在。只要我们妥善应对，加强同俄罗斯和中亚有关国家的合作，就可以保持这一战略方向的相对稳定。

第三，要着眼于扩展战略空间大力开展多边外交。积极开展多边外交，对我们营造战略态势具有重要作用。这些年来，我国积极参与联合国事务，并先后参加了亚太经济合作组织和亚欧会议，积极参与东盟地区论坛的多边安全对话以及中国—东盟、东盟—中日韩东亚区域合作机制的活动，建立了"上海五国"机制。今年，我们成立了博鳌亚洲论坛，成功举办了第三届亚欧外长会议，完成了我国加入世界贸易组织的谈判，特别是实现了"上海五国"由会晤机制向区域性多边合作组织的转变。上海合作组织的建立，有利于改善我国的安全环境，并将对促进世界多极化、推动建立公正合理的国际政治经济新秩序发挥重要作用。

我们必须深刻认识到，在世界多极化和经济全球化的趋势深入发展的条件下，区域一体化趋势也在加速发展，地区性政治、经济、金融、安全合作日趋活跃。利用国际机制和区域组织开展多边外交，日益成为大国发挥作用的重要途径。我们要进一步加强多边外交，主动参与国际体系的改造和调整，努力在多边层面上开展对外工作，不断扩大同各个方面的合作，增加彼此间的共识。

刚刚在上海闭幕的亚太经济合作组织第九次领导人非正式会议，是一次很重要的多边外交活动。这次会议，是九一一事件后第一个重大国际会议，国际舆论和世界各国都很关注。会议期间，发表了领导人宣言、上海共识和反恐声明等文件，取得了积极的成果。

这次会议之所以取得成功，最根本的原因是经过二十多年的改革开放和现代化建设，我国的经济实力、国防实力、民族凝聚力有了很大提高。古往今来，在国际较量中，国家实力始终是赢得国际政治斗争胜利的决定性基础。在今天的世界上，中国是一支不容忽视的重要力量。经过新世纪头十年的发展，我们的国内生产总值再翻一番，军队现代化建设实现第一步战略目标，我们的实力将更强。所以，还是那句老话，财大才能气粗。在国际上营造有利于我们的战略态势，最根本的还是要坚持邓小平理论和党的基本路线，紧紧扭住经济建设这个中心不动摇，不断提高我国的综合国力。这是我们的根本利益所在，也是解决台湾问题的关键所在。

二、关于增强国家战略能力。

这里所说的国家战略能力，涉及经济社会发展、国防和军队建设的各个方面，包括经济实力、国防实力、民族凝聚力构成的全部综合国力。简言之，所谓战略能力，就是一个国家在需要采取战争行为时所能够调动的各种力量的总和。当然，在这个总和中，军事力量是进行战争行动的核心手段。

美国发动海湾战争、科索沃战争，以及这次在阿富汗采取军事行动，不仅需要强大的军事力量，而且需要强大的经济、科技实力作基础。否则，这几场战争美国也打不起来。九一一事件发生后，美国从国际和国内两个方面进行紧急动员，从政治、经济、军事等方面展开部署，迅速调集了大批力量集结在阿富汗周围地区。如果没有相当的国家战略能力，这是办不到的。我提出要对九一一事件进行深入研究，就包括要研究美国如何运用其国家战略能力来应对严重突发事件这样的问题。增强我们的国家战略能力，要作为一个重大问题抓紧研究。

增强国家战略能力，需要从政治、经济、文化、科技、军事、外交等方面综合考虑和着手，是一项长期而又艰巨的任务。军事战略能力是国家战略能力极为重要的组成部分。今天是军队的会议，我主要强调有关从军事方面提高国家战略能力的几个问题。

第一，必须打牢人民战争的基础。人民战争是我们的最大优势。我们党在长期革命战争中，形成了一整套动员群众、组织群众、武装群众的办法，依靠人民战争打败了国内外强大的敌人。新中国成立后，我们始终坚持依靠人民群众加强国防建设，实行精干的常备军与强大的国防后备力量相结合的武装力量体制，结合发展国民经济，建设巩固的战略后方，为提高我们的军事战略能力打下了坚实基础。今后，不论什么时候，不论面对怎样强大的敌人，人民战争都是我们克敌制胜的法宝。

改革开放二十多年来，我国综合国力有了很大提高，人民战争的资源更加雄厚。在新的形势和任务面前，我们要始终坚持用人民战争思想教育全体人民，从人民中获取战争胜利的伟力。要使国防动员工作贯彻到国家政治、经济、社会生活的各个领域，深深扎根于人民群众的土壤之中。要坚持军民结合、平战结合、寓军于民的方针，创新动员体制机制，建立适应现代战争快速动员要求、符合社会主义市场经济特点的国防动员体系，实现国防资源的合理配置和统一调度。军队要与地方各级党委和政府密切配合，明确职责，加强领导，按照国家动员方案，认真抓好人民武装动员、国民经济动员、人民防空动员、国防交通动员的落实。要拓宽动员的领域和范围，把包括民用高技术产业在内的整个科研生产能力纳入国防动员体系，为战争提供高技术支持。要按照作战的要求，抓好民兵和预备役部队质量建设。总之，一旦有事，我们强大的综合国力要能够迅速转化为确保赢得战争胜利的实力。

在新的条件下坚持人民战争，必须发展人民战争的战略战术。高技术条件下的人民战争怎么打，希望大家一起来研究，积极创造新内容新形式，把人民战争的战略战术提高到一个新水平。

第二，必须建立和完善有利于武器装备发展的体制机制。这些年，我们的武器装备建设有了很大进步。但是，我军武器装备建设如何适应世界军事变革的发展趋势，既能满足维护国家安全和统一的战略需求，又能与国家经济、科技能力相符合，还有很多问题需要研究。

现在遇到的突出问题，首先是在国防科技工业本身。我国国防科技工业长期形成的军民分割、自成体系的模式，与我国改革的深化和新一轮世界军事竞争的形势严重不相适应。从上个世纪八十年代起，我们就开始对国防科技工业管理体制进行调整改革，但迄今新的体制还没有真正形成，军工企业技术创新能力低、产品质量差、成本价格高的问题仍然程度不同地存在。

解决这些问题，关键是要建立和完善竞争、评价、监督、激励的机制。这是一场深刻变革，真正实行起来难度很大，必须下定决心全力推进，在推进中不断加以完善。竞争、评价、监督、激励是互相联系的整体，竞争是核心，评价是关键，监督是保障，激励是动力。军队作为装备使用部门，要充分发挥装备订货主体的作用，进一步扩大武器装备科研、生产的招投标范围，打破行业界限和所有制界限，积极鼓励民用企业、地方院所参加竞争，推动军工企业的调整改革和战略重组，逐步培育一批合格的市场竞争主体。评价机制，不仅国防科技工业系统要搞，军队也要搞。凡属发展方向、发展重点、资源分配的重大决策，都要进行综合评估，以此作为决策的依据。监督机构要有权威，对承研承制单位、装备订货主体、管理决策部门都要进行监督。要改革分配制度，拉开收入分配档次，提高科技骨干的待遇，保持一支精干、高水平的国防科技队伍。对重大科技成果和作出特殊贡献的个人，要给予重奖。要通过建立新的体制机制，把国防科技工业和武器装备发展真正纳入社会主义市场经济的轨道，提高我军武器装备建设的效益。

第三，必须加快信息化的发展步伐。打现代战争，谁拥有信息优势，谁就比较容易掌握战争的主动。美军的作战能力强，很重要的原因就是在信息技术方面处于领先地位。美军的指挥自动化系统发展迅速，不断更新。去年二月，美军又提出在 C^4ISR 的基础上搞全球信息栅格，目的是掌握在全球范围内尽可能实时发现和攻击目标的能力，使美军在任何一场冲突中都具备全谱优势。今年以来，美国进一步加强了航天技术和太空武器建设，企图通过建立攻防兼备的航天系统，加强对空中、地面、海洋作战系统的信息支援，提高战场目标控制和远程精确打击能力，必要时还可以遂行空间作战。美军指挥自动化系统中的 LINK-11、LINK-16 等多种数据链，可以实现指挥控制系统与作战平台之间、作战平台与作战平台之间的交联，大大提高了作战指挥能力。

我们要下大功夫发展我军的信息能力。去年底，军委扩大会议提出要在加强军队机械化建设的同时加快军队信息化建设。如何处理好信息化建设和机械化建设的关系，如何借助国民经济和社会信息化发展推进军队的信息化进程，需要我们在实践中不断探索。

第四，必须高度重视战略后勤和装备保障建设。加强战略后勤和装备保障建设，提高战略保障能力，是我们赢得未来作战胜利的一个极为重要的保证。

加强战略后勤和装备保障建设，首先要研究完善保障体制问题。我们要在现有调整改革的基础上，逐步建立三军一体、军民一体的战略保障体制，确保国家经济社会力量能够在战时迅速形成强大而统一的战略保障能力。战略保障建设怎么搞，也要很好研究。要把后方防卫纳入战略全局统一筹划，增强后方的生存和防护能力。

三、关于坚持文攻武备的总方略。

台湾问题经过了长期演变，历史与现实、国内与国际的各种因素相互交织，错综复杂，解决起来具有相当大的难度。我们既要有使命感和紧迫感，又要以宽阔的视野和长远的眼光来制定正确的战略策略。

文攻武备，是我们反"台独"斗争的总方略。毛主席、小平同志生前为解决台湾问题倾注了大量心血，提出了许多极为重要的思想。他们一贯主张，要争取用政治方式解决问题，把使用武力作为最后手段。新中国成立初期，我们曾准备用武力解放台湾，后因朝鲜战争爆发，作战计划搁置起来。一九五四年夏季以后，根据当时的国际国内形势，毛主席就开始考虑通过谈判解决台湾问题。一九五九年，他明确提出："中国一定要解放台湾，解放的办法有两个：一个是用和平的方法，一个是用战争的方法。"二十世纪七十年代末，小平同志提出用"一国两制"的和平方式解决台湾问题，同时强调决不能作出不使用武力的承诺。他指出：解决台湾问题就是两手，两种方式都不能排除。用右手争取和平方式，用右手大概要力量大一点，实在不行，还得用左手，即军事手段。我们要继续贯彻毛主席、小平同志的战略思想。要把按照"和平统一、一国两制"的基本方针解决台湾问题作为努力目标，把文攻武备作为反"台独"斗争的总方略。

古人讲，"文武并用，长久之术"。中国历朝历代的治国平安之策，无不讲究文为里、武为表，文武兼施。海峡两岸都是中国人，和则两利，战则两伤。实现祖国和平统一，两岸共谋复兴大业，有利于包括台湾同胞在内的全国各族人民的长远发展，有利于增强我国的综合国力和国际竞争力。我们要以武备为后盾，综合运用多种途径和方法，进一步加大文攻的力度，努力争取和平统一的实现。当前，台湾岛内政局动荡、经济衰退，大陆对台湾更加具有吸引力，加之两岸将要加入世界贸易组织，台湾在经济上越来越离不开大陆。这为我们从政治上、经济上、文化上全面加强对台工作，提供了有利条件和机遇。我们要继续推动在一个中国原则的基础上进行两岸对话和谈判，加强同反对"台独"、主张统一的台湾各个党派和各界人士的沟通，加强两岸人员往来和经济文化等各个领域的交流，加强做台湾人民的工作。随着两岸经济文化交流不断加强，"和平统一、一国两制"将会被越来越多的台湾人民所接受。

同时，我们必须清醒地看到，实现和平统一决非易事。我们要制止"台独"分裂图谋，没有军事手段这一手是不行的。军事斗争准备越充分，"台独"分裂势力就越不敢轻举妄动，和平统一的希望就越大。总之，文攻和武备两手都要硬，这样才能牢牢掌握解决台湾问题的主动权。

军队要坚持不懈、扎实有效地推进军事斗争准备。要适应形势的发展变化和世界军事变革的趋势，与时俱进，不断研究新情况、解决新问题。全军同志都要本着对历史负责、对国家和民族负责、对未来战争负责的精神，既紧张快干又扎扎实实，防止出现形式主义、花架子，把军事斗争准备搞得更有成效。

这里，我还要特别强调一下加强思想政治建设的问题。思想政治工作是我军特有的优势，在军事斗争准备和未来作战中不仅是非常重要的，而且是大有作为的。我军长期处于相对和平环境，缺乏战争年代那种严酷环境的锻炼，官兵的精神意志容易松懈。改革开放以来，我军所处的社会环境与过去相比也有了很大不同，各种利益关系的调整和形形色色的社会思潮，必然会对官兵思想产生冲击和影响。我军的兵员成分也发生了变化，独生子女逐渐成为基层官兵的主体。在这种情况下，要使广大官兵真正做到政治上坚定、思想道德上纯洁、士气高昂，在军事斗争准备和未来高技术战争中经受住考验，很不容易。要坚持不懈地搞好思想政治建设，引导官兵牢固树立革命的世界观、人生观、价值观，坚定理想信念，发扬为国家、民族、人民利益甘愿牺牲奉献的精神，打牢部队军事斗争准备和未来作战的思想基础。要特别注意在部队中宣传马克思主义战争观，大力弘扬革命英雄主义，增强官兵敢打必胜的信心，锤炼一不怕苦、二不怕死的坚强意志。要坚持从难从严从实战需要出发进行军事训练，使部队的技战术水平有大的提高，练就过硬的战斗作风。

人才是建军治军之本，也是军事斗争准备的关键。必须充分认识人才培养的极端重要性和现实紧迫性，采取超常措施，下大气力抓紧抓好。要发挥院校主渠道的作用，提高教育质量和办学效益，多出人才，出好人才。同时，要加强在职培训和岗位培训。要突出抓好军事指挥人才的培养，重点解决高技术知识和联合作战指挥能力欠缺的问题。要重视做好人才吸收和保留工作，进一步完善有关政策制度。对尖子人才、特殊人才，应该有些特殊政策，给予适当的特殊待遇。

坚持党对军队的绝对领导，是我军建军治军的根本原则，也是做好军事斗争准备、赢得未来战争胜利的根本保证。要按照"三个代表"要求加强军队党的建设，不断增强各级党组织的创造力、凝聚力、战斗力。要按照党的十五届六中全会精神，大力加强作风建设，以良好的作风推进军事斗争准备的落实。要加强党委对军事斗争准备各项工作的领导，确保党中央和中央军委的决策指示的贯彻落实，确保军事斗争准备的正确方向。党支部要充分发挥战斗堡垒作用，共产党员要发挥先锋模范作用，团结和带领官兵努力完成军事斗争准备的各项任务。

论中国特色军事变革[*]

（二〇〇二年十二月二十七日）

江 泽 民

这次军委扩大会议，是党的十六大之后军委召开的一次十分重要的会议。这次会议主要是学习贯彻党的十六大精神，研究新世纪新阶段国防和军队建设的重大问题，总结今年全军的工作，部署明年全军的任务。

今天这个讲话，我反复考虑后，决定集中讲一讲迎接世界新军事变革的挑战、加速推进军事斗争准备和军队现代化建设的问题。这个问题关系国防和军队建设的全局，也关系维护国家的安全、统一和实现党的十六大提出的全面建设小康社会奋斗目标的全局，必须从战略的高度进一步加以强调。

一、世界新军事变革的发展及其战略影响

对于世界新军事变革，我一直很关注。一九九一年

---

* 这是江泽民同志在中央军委扩大会议上的讲话。

海湾战争爆发时，我就提出要注意从这场战争中研究现代战争的特点，并建议总参谋部和军事科学院分别召开研讨会。那几次研讨会，我都参加了，并发表了意见。当时，我得出一个结论，就是现代战争正在成为高技术战争，世界军事领域开始发生深刻变革。经过一段时间的观察，结合冷战结束后国际形势和国家安全形势的变化，一九九三年初我们制定了新时期军事战略方针，把打赢一场现代技术特别是高技术条件下的局部战争确立为未来军事斗争准备的基点。一九九六年，中央军委扩大会议在全军研究的基础上，对世界新军事变革作了比较全面的分析，要求全军以改革创新的精神迎接世界新军事变革的挑战。一九九九年，科索沃战争爆发时，我正在意大利米兰访问。回国后，我在军委扩大会议上谈了对这场战争的看法，提出高技术化已经成为现代战争越来越鲜明的特征。阿富汗战争以后，中央军委专门召开了会议，研究世界新军事变革问题。总的来说，在应对世界新军事变革的问题上，我们见事是早的，决策是及时的，措施是有力的。我们一开始就从战略上提出问题并作出反应，推动我军建设打开了现在这样好的局面。

在这次会议上，我之所以还要再强调这个问题，是因为当前世界新军事变革出现了加速发展的趋势，需要进一步引起我们严重关注。在人类战争史上，从使用木棒、石块等原始武器开始，先后经历过冷兵器战争、热兵器战争、机械化战争等几次重大军事变革。目前正在发生的新军事变革，是迄今人类历史上影响最广泛、最深刻的一次。这场军事变革从酝酿、产生到发展，经历了近三十年由量变到质变的过程。越南战争后期，"灵巧炸弹"和第一套 C^3I 指挥自动化系统的出现，是新军事变革的萌芽。上个世纪七十年代末，美苏等军事强国已拥有不少精确制导武器，实现了初级的指挥自动化。英阿马岛战争等局部战争，使新军事变革初露端倪。海湾战争是新军事变革的一个转折点，展示了现代高技术战争的雏形。经过最近十多年的发展，特别是在科索沃战争、阿富汗战争推动下，新军事变革正在进入一个新的质变阶段，很可能发展成为一场波及全球、涉及所有军事领域的深刻的军事革命。

纵观这场军事变革的演变过程，可以清楚地看到，它是人类文明由工业时代向信息时代转变的产物，是当今世界综合国力竞争在军事领域的反映，其产生和发展有着历史的必然性。冷战时期，美苏为争霸世界而展开的军备竞赛，强烈刺激了军事技术和武器装备的快速发展。世界主要国家特别是超级大国争夺战略主动权的较量，成为新军事变革的直接动力。科学技术特别是以信息技术为主要标志的高新技术的迅猛发展，为新军事变革提供了技术条件。发达国家雄厚的综合实力，为新军事变革提供了物质基础。冷战结束后，美国为独霸世界全力增强军事力量，世界近期几场高技术战争的实践推动了这场变革的深入。

信息化是新军事变革的核心。人类社会的战争形态正由机械化战争转变为信息化战争。整个工业时代军队的武器装备、组织体制、军事理论、军事训练以及后勤保障方式等，都将按照信息化的要求进行彻底改造。工业时代的机械化军队正在转变为信息化军队。预计二〇二〇年前后，一批新技术，如纳米技术、生物技术、新材料技术、新能源技术、隐身技术、定向能技术等，将会有更大突破；一批更加高效的新型武器，如强激光武器、动能武器、高功率微波武器、电磁脉冲武器等，将陆续出现，成为军事变革新的物质技术基础，进而推动新军事变革向高级阶段发展，并最终形成新的军事体系。

建立在新的物质技术基础上的新军事变革，必然导致军队建设和作战方式等一系列方面发生革命性变化。从大的方面讲，有四个趋势值得我们注意。

一是信息化武器装备将成为军队作战能力的关键因素。世界主要国家的军队，无论是陆军装备还是海军、空军装备，无论是主战装备还是保障装备，都正朝着信息化的方向发展。各种主要作战平台具有信息获取和处理、横向组网、信息攻防能力；攻击兵器智能化，能够发射后自动跟踪并精确打击目标；作战指挥通过 C^4ISR 系统实现了自动化；而且发展出专门用于电子战、网络战等信息战的武器装备和技术手段。美国陆军信息化装备已占百分之五十，海军、空军信息化装备已占百分之七十。美国的指挥自动化建设，正在致力于发展全球信息栅格，以使其 C⁴ISR 系统由提供信息支持向提供决策支持发展，并实现从传感器到射手的无缝信息链接。同时，美国还探讨在 C⁴ISR 系统中增加杀伤进攻功能，使之成为 C⁴KISR 系统。估计二〇二〇年前后，美国的主战武器装备都将实现信息化，其他发达国家在这方面也会达到相当高的水平。从近期几场高技术局部战争看，信息战贯穿作战全过程、渗透于战争各领域，争夺信息优势成为战争的焦点，制信息权是夺取制空权、制海权和其他作战空间控制权的关键。在未来信息化战争中，信息能力将发挥主导作用；拥有信息优势并能有效转化为决策优势的一方，就能够更多地掌握战略和战场上的主动权。

二是非接触、非线式作战将成为重要作战方式。信息化武器装备，能够超越对方的防御地带和自然地理屏障，直接对纵深目标实施中远程精确打击。这种非接触作战，不再是从前沿突破、然后向纵深推进，而是从一开始就进行全纵深作战。战争的前方和后方的界限趋于模糊，战略、战役、战术行动将呈现融为一体的特征。进攻的一方不再专注于消灭对方的有生力量，而是主要通过重点打击对方的侦察预警、指挥控制、防空作战系统，瘫痪对方的整个作战体系，摧毁对方的战争潜力和国家意志，达成战略目的。防御的一方如果缺乏相应的中远程非接触攻防手段，即使拥有庞大的机械化军团也无多少还手之力。海湾战争时，伊拉克拥有一百万军队，苦心构筑了"萨达姆防线"；多国部队通过三十八天空袭作战，完全摧毁了伊军防空系统、指挥系统和后方补给系统，然后只用四天地面作战，就击败了伊军。科索沃战争时，北约部队仅通过七十八天空袭作战，就迫使南联盟就范。阿富汗战争时，美军凭借先进的战场感知技术和超远程大规模奔袭作战能力，对塔利班武装、"基地"组织的分散隐蔽的小股作战力量和洞穴目标实施精确打击，很快就使他们丧失抵抗能力。现在，美军已经明确把全纵深精确作战作为基本作战思想，大力发展各类精确制导弹药，特别是抓紧发展并大量装备低成本的全球卫星定位系统制导弹药。据有关资料，美军在海湾战争中使用的精确制导弹药只占百分之八，科索沃战争中上升为百分之三十五，阿富汗战争中则高达百分之六十。其他主要国家军队也在加紧发展精确制导武器，逐步向非接触、非线式作战方式转变。

　　三是体系对抗将成为战场对抗的基本特征。通过信息技术，各军兵种的作战平台、武器系统、情报侦察和指挥控制系统以及后勤保障系统，可以形成一体化的作战体系。信息化战争不再是各个作战单元之间的对抗，而是建立在各种作战单元、作战要素综合集成基础上的体系和体系的对抗，诸军兵种联合作战成为基本作战形式。科索沃战争时，南联盟最先进的战机刚升空即被北约探测系统跟踪，几分钟后即被击落。这说明，没有信息化作战体系，某些武器装备再先进也难以发挥作用。

美军十分重视作战体系建设，把综合集成看作是优化军队结构和作战力量的基本途径，强调实现各种作战单元、作战要素的高度融合。世界其他主要国家军队也在效仿美军的做法，按照综合集成的要求构建一体化作战体系。

四是太空将成为国际军事竞争新的战略制高点。太空日益成为重要的作战空间，对战争进程和结局具有决定性影响。有资料统计，美国在海湾战争中动用卫星七十余颗，在科索沃战争和阿富汗战争中也达到五十多颗，为空中、海上、地面突击系统提供全方位的信息支援和保障。太空已经成为新的战略制高点，一场争夺太空军事优势的竞争已经开始。美俄等军事大国大力发展军用航空航天技术和空间战武器系统，加强太空战场建设，推动太空军事力量向空天一体、攻防兼备的方向发展。据军事专家预测，未来的非接触战争将很可能以航天系统为核心，组建能够在空天领域有效遂行任务的战略性全球侦察—打击作战系统，引导陆军、海军、空军各种作战平台实施远距离精确打击，运用天基武器系统对地面、海上、空中目标直接实施攻击，还可以利用反卫星武器和空间作战飞行器来干扰、破坏、摧毁敌方天基系统，争夺制天权，限制敌方在太空的行动自由。美国退出反弹道导弹条约，积极发展导弹防御系统，主要目的就是要建立太空攻防系统。美军制定了向空天军发展的目标，目前正在组建远征型航空航天部队。俄罗斯在二〇〇一年六月建立了独立的航天兵。欧洲计划在五年内建立自己的、不受美国制约的伽利略卫星导航系统。世界主要国家围绕太空展开的军事竞争，有可能改变国际军事斗争格局。

世界新军事变革的发生和加速发展，对国际战略形势有着重大而深远的影响。美国搞新军事变革，谋求建立攻防兼备的绝对军事优势、进一步巩固超级军事强国的地位，加剧了国际战略力量对比失衡的局面。在技术装备上，美军不仅与发展中国家的军队形成了"时代差"，而且与其他大国的军队也拉大了差距。

对我国而言，新军事变革的挑战，就是我们所说的我国仍然面临发达国家经济、科技占优势的压力的一个重要表现，这种军事压力实质上是与政治压力相配合的。新军事变革有可能进一步拉大我国同世界主要国家在军事实力上的差距，增大对我国军事安全的潜在威胁。我军军事斗争准备和现代化建设面临极其艰巨的任务。

我们要深刻认识新军事变革的本质，正确把握这场变革的发展趋势，充分估计其战略影响，切实做好迎接新军事变革挑战的思想准备和工作准备。

二、积极推进中国特色军事变革

世界新军事变革给我们带来了严峻挑战，也给我们提供了历史机遇。在近代，由于旧中国封建政治统治的腐朽，我国丧失了一些军事变革的机遇，总是落在世界军事发展潮流的后面。这是我国近代长期落后挨打的一个重要因素。新中国成立后，我国国防和军队现代化建设取得了巨大进步，但总体上仍处于工业时代的机械化半机械化阶段。今后二十年，是我国发展的重要战略机遇期，也是国防和军队现代化建设的重要战略机遇期。如果我们错过了这一二十年，就很可能错过整整一个时代。我们要以时不我待的紧迫感，积极推进中国特色军事变革，加快我军由机械化半机械化向信息化的转变，全面提高我军的威慑和实战能力，为国家的安全、统一，为全面建设小康社会，提供坚强有力的保障。

（一）关于新时期军事战略方针。

中央军委一九九三年制定的新时期军事战略方针，正确判断冷战结束后国际战略形势和我国安全环境的变化，正确判断当时正在兴起的世界新军事变革的发展趋势，对我军的未来军事斗争准备和现代化建设发挥了极为重要的指导作用。

十年来，世界战略形势和战争形态发生了深刻变化。特别是随着军事斗争准备的深入，许多突出矛盾和问题需要我们进一步从战略上来认识和解决。

第一，军事斗争准备的基点问题。战争形态的演变是一个极其复杂的社会历史过程，我们对它的认识也有一个不断深化的过程。回过头来看，实践证明，我们十年前把当代战争的形态界定为高技术战争，把我军未来军事斗争准备的基点从应付一般条件下的局部战争转变为打赢一场现代技术特别是高技术条件下的局部战争，是完全正确的。这个转变的实质，是由准备应付工业时代的战争向准备应付信息时代的战争转变，是军队现代化建设由机械化向信息化迈进的开端。可以说这是一个革命性转变。正是有了这个转变，才有了我军现代化建设的一系列调整改革。

从那时起，我们更加注意当代战争形态的研究。一九九八年，我们认识到，高技术战争的本质就是信息化，人类战争形态正在进入信息化战争阶段。一九九九年，我曾明确提出：信息化战争将逐步取代工业时代的机械化战争，成为未来战争的基本形态。二〇〇〇年，我又进一步强调：信息化战争将成为二十一世纪的主要战争形态。经过五年多的思索，应该说我们对正在出现的信息化战争形态的认识，已经比较成熟了。可以肯定，未来作战的信息化程度将相当高。对这个问题，我们要充分加以重视，在更高的起点上谋划军事斗争准备和军队现代化建设。

第二，战略指导的基本思想和原则问题。新时期军事战略方针对我军长期战争和建设的经验作了比较系统的概括，提出了科学的战略指导思想和原则，其内容是完全正确的。我们的战略思想是积极防御，这不仅符合我国的社会主义性质，而且对我们开展外交工作和进行国际政治斗争有利。所谓积极防御，就是攻势防御，包括战役战斗的进攻，也包括战略进攻。这些基本思想要长期坚持，不能改变。同时，我们对战略指导思想和原则问题的研究也要进一步深化。

比如，遏制战争和打赢战争的问题。通过战略威慑遏制战争，或延缓战争爆发，或制止战争升级，避免或减少战争破坏，越来越受到国际社会重视。战略威慑已经成为当今国际军事斗争的重要内容。美国、俄罗斯、英国、法国等核大国，都把核武器当作战略威慑的核心力量。美国今年又提出新的"三位一体"威慑战略，包括核和非核打击系统、主动和被动防御系统、国防基础设施，其核心思想是使战略威慑手段实用化。随着军事技术的发展，战略威慑手段将不断增多。我们要立足现有，着眼发展，逐步形成多种手段配合的战略威慑体系。

又比如，联合作战和协同作战的问题。联合作战是现代战争的主要作战形式。随着信息化的发展，联合作战不断向更高阶段发展，未来将发展成为各军兵种部队一体化的联合作战。由于我军是以陆军为主的诸军兵种合成军队，过去军兵种之间在作战和训练上主要强调的是支援和协同关系，联合作战和联合训练的实践较少，联合作战理论的研究也很不够。一九九三年，我们继续强调了协同作战思想，现在看来还要大大加强对诸军兵种联合作战问题的研究，以推动我军联合作战理论和实践的发展。

第三，创新我军军事理论的问题。军事理论产生于军事实践，又反过来对军事实践进行指导。我们对军事实践的认识，只有上升到军事理论的高度，才能保证军事实践沿着正确的方向前进。在长期革命战争中，我军之所以能够以劣势装备战胜优势装备之敌，关键是我们在实践中形成了一整套独具特色的建军和作战理论，特别是灵活机动的战略战术。在未来信息化战争中，大量不熟悉的东西将涌现在我们面前。新军事变革将推动军队的整体转型和作战方式的根本转变，这场在广度和深度上都前所未有的变革，要求我们必须大力推进军事理论创新。国际国内形势的变化和社会主义市场经济的发展，也给军队建设和军事斗争准备带来了许多新问题。创新我们的军事理论特别是作战思想，是摆在全军面前的重大课题。这些年，我们在毛泽东军事思想、邓小平新时期军队建设思想指导下，不断探索解决新的历史条件下建设什么样的军队、怎样建设军队和未来打什么样的仗、怎样打仗的问题，取得了重大理论成果。实践在不断发展，理论也要随之不断发展。对这两个相互关联的基本问题，包括我多次提到过的要研究高技术条件下的人民战争的问题，我们要充分发扬民主，集中全军智慧深入开展研究，不断丰富和发展我们的军事理论。

（二）关于国防和军队现代化发展战略。

国防和军队现代化，是一个动态发展的概念。上个世纪五十年代，我们讲国防和军队现代化，就是讲机械化。九十年代以来，信息化成为军队现代化概念的本质规定性。信息化战争取代机械化战争已经成为必然趋势，没有信息能力的机械化军队将被战争的发展所淘汰。我们已经提出了新世纪国防和军队现代化建设"三步走"战略构想，并明确军队现代化建设要完成机械化和信息化的双重历史任务。现在，我们可以进一步提出，"三步走"战略构想所确定的目标就是在本世纪的前五十年逐步实现国防和军队信息化。要正确处理机械化和信息化的关系，以机械化为基础，以信息化为主导，以信息化带动机械化，以机械化促进信息化，推动军队信息化加速发展。这是我们应对世界新军事变革挑战的必然要求，也是维护国家的安全、统一和日益拓展的战略利益的客观需要。实现这一目标，前二十年是基础，头十年是关键。我们要认真借鉴发达国家军队现代化建设的有益经验，充分利用国内和国际的战略资源，迈好第一步，走好第二步，争取用二十年的时间，基本实现军队机械化，使信息化建设取得重大进展，再经过三十年的发展，完成建设信息化军队的战略任务。我这里讲的实现军队机械化，不是传统意义上的机械化，而是与信息化紧密结合的机械化。要根据这个总的战略目标，拟制国防和军队建设远景规划，并制定配套的军兵种现代化发展战略。

要实现建设信息化军队的目标，必须走跨越式发展的道路。我们没有必要等到走完发达国家军队机械化建设的全部过程再来搞信息化，而应该努力推进机械化和信息化的复合发展。现在，我们提出走新型工业化道路，坚持以信息化带动工业化、以工业化促进信息化。全社会信息化的快速发展，为军队加速完成机械化和信息化建设的双重历史任务提供了极其有利的条件。我们有必要也完全有可能在较高的起点上推进机械化和信息化建设，使军队的火力、机动力和信息能力协调发展。这就要求我们努力跨越机械化发展的某些阶段，也要努力跨越信息化发展的某些阶段，同时还要吸取发达国家军队机械化和信息化建设失误的教训，尽可能少走弯路。实现跨越式发展，就是要努力走出被动追赶式的发展模式，最终进入与发达国家同步发展的轨道。因此，从发展战略上说，我们绝不能满足于对现有成熟技术的应用，而必须着眼于科学技术及信息化战争的发展趋势，树立超前意识，高度关注未来可能出现的重大新技术，加强对军事前沿技术和新概念武器技术的预先研究，注重技术创新，争取研发出具有自主知识产权的战略性、前瞻性、关键性技术和装备，锻造我军信息化作战的"杀手锏"。

推进军队的机械化和信息化建设，需要投入，但我们的财力不允许铺开摊子来搞。我们必须进一步集中力量，突出重点，通过局部跃升，带动整体发展。美国财大气粗，但军队转型也是从少数部队先开始，一步一步地进行。美国人认为，拥有关键技术手段的、精干的、经过改革的部队，会产生巨大的战略性影响。这个观点值得注意。我们是发展中国家，军费再增加也不可能达到美国那样的规模，更应该集中发展能够产生战略性影响的作战力量。今后一个时期，我们要突出抓好应急机动作战部队建设，使应急机动作战部队在全军率先实现机械化和信息化，成为我军的战略拳头。

军队现代化建设既要关注现实威胁，又要适应未来挑战。要继续坚持以军事斗争准备为龙头，全军各项建设和工作都要围绕军事斗争准备而展开。从长远看，随着国家战略利益的拓展，国家安全对军队战略能力的要求将越来越高。军事斗争准备的所有工作与提高军队战略能力、建设信息化军队的长远目标是一致的，必须把军事斗争准备融入军队改革创新和现代化建设的全局之中。

（三）关于军队体制编制调整改革。

高技术武器装备的发展和作战方式的演变，必然要求对军队传统的体制编制进行调整改革。我军的体制编制几经调整改革，有了明显进步，但一些深层次矛盾和问题还没有从根本上解决，进一步的调整改革势在必行。要认真研究现代军队体制编制的一般特点和规律，从国情、军情出发，以提高信息化作战能力为目的，深入研究，充分论证，广泛听取各方面的意见，进行扎实周到的准备，积极稳妥地推进我军体制编制调整改革，完善有关政策制度。这项工作既要抓得很紧，又要确保部队稳定。

要继续坚定不移地走中国特色的精兵之路。减少数量、提高质量，建设精干高效的常备军，是世界主要国家军队适应新军事变革的共同选择。海湾战争以后，在世界新军事变革的大背景下，我们把注重质量建设的方针摆在了更加突出的位置，"八五"、"九五"期间两次对军队规模进行精简。"八五"期间将军队规模压到了三百万人以内，"九五"期间又减了五十万人。现在，我军总员额二百五十万人，仍然是世界上规模最大的军队。美国军队在全球部署，只有一百三十八万人。俄罗斯国土面积比我国大将近一倍，军队只有一百一十万人。美俄两家都计划进一步精简军队员额。我军员额要不要再减？能不能再减？依我看来，规模还有些偏大，还可进一步压缩。主要应该压缩机关和非作战单位、非作战人员，这方面缩减的余地还很大。要下决心再减一部分人，把节省下来的钱用在军队现代化建设上。当然，压缩规模要适度。我国幅员辽阔，边海防线漫长，周边环境比较复杂，特别是武器装备相对落后，军队必须保持一定的规模。我们不能简单地与美俄现役部队规模作比较，还要考虑他们的其他武装力量和文职人员等情况。在研究我军现役部队规模时，也要通盘考虑包括预备役部队、武装警察部队在内的整个武装力量的构成和建设问题。

我们过去的精简整编工作，着力点更多地放在了减少数量上，虽然也对结构作了一些调整，但很不够。结构不合理，一些重大比例关系失调，已经成为制约军队整体作战能力提高的一个突出问题。无论哪一个军种，都要优化内部兵种结构，合理划分部队类型，科学确定部队编成；都要减少装备技术落后的一般部队，组建高技术新型部队。要特别注意充实作战部队。我军结构上的另一个问题，就是机关与部队的比例失调，头重脚轻尾巴长。非作战单位多、机关多等因素导致官兵比例不合理、干部总量庞大，必须下决心减下来。总之，这次调整改革，重点要在优化结构上下功夫，把各类重大比例关系好好理一理，建立科学合理的内部结构。优化结构、理顺关系、减少数量、提高质量，要作为衡量调整改革成功与否的重要标志。

实现联合作战指挥，是体制编制调整改革要解决好的一个十分重要的问题。这个问题比较复杂，需要深入细致地进行研究。要研究借鉴外军的有益经验，但不能脱离我国和我军的实际。

我军体制编制的一些问题，与我们过去长期实行三军自成体系的保障体制和军队统包统揽的保障方式有密切关联。现代战争对各种保障的依赖越来越大，现在军队的保障则对社会和市场的依赖越来越大。一方面，三军在编成、指挥、作战行动上的高度合成、高度联合，要求快速、高效、综合的保障；另一方面，由于经济社会进步和武器装备越来越复杂，大量武器装备的保障和维修、大批物资的生产和筹措需要依靠社会来进行。因此，基本趋势是要搞三军联合保障、综合保障和军民一体化保障。我们要继续推进保障体制和保障方式的改革，努力提高保障效益。

（四）关于提高军队的科学技术素质。

我们要跟上世界新军事变革的步伐，最根本的是要贯彻科技强军战略，依靠科技进步加快军队现代化建设、提高军队战斗力。全军同志特别是各级领导干部要进一步增强科技强军的紧迫感，认真学习科学技术，努力运用科学技术，积极发展科学技术，不断提高军队建设各个方面的科技含量。

世界军事的发展，没有也不会改变人在战争中的决定性作用。我们要在继续抓好武器装备建设的同时，抓好人才战略工程，为我军现代化建设和军事斗争准备提供强大的人才和智力支持。

信息化战争的一个显著特点，就是知识和技术高度密集。我们必须按照未来战争的要求，确立科学的人才培养目标，培养造就一大批高素质新型军事人才。新型军事人才，必须是具备扎实的现代科学文化知识基础的知识型革命军人。不具备良好的现代科学文化知识，高素质就无从谈起。随着武器装备的更新换代，这个问题将越来越突出。我们既要注重官兵的思想政治教育和战斗作风培养，也要努力提高他们的现代科学文化水平和现代军事技能。争取经过一二十年的努力，培养造就一支具有战略眼光、能够把握世界军事发展趋势、懂得信息化战争指挥和信息化军队建设的指挥军官队伍，一支具有较高科学文化素养和全面军事素质、善于对军队建设和作战问题出谋划策的参谋队伍，一支能够站在科学前沿、组织谋划武器装备创新发展和关键技术攻关的科学家队伍，一支精通高新武器装备性能、能够迅速排除各种故障和解决复杂难题的技术专家队伍，一支具备专业技术基础、能够熟练掌握手中武器装备的士官队伍。

提高军队官兵的综合素质特别是科学文化素质，必须依托国民教育。这些年，我们在培养人才方面有一个创新，就是走开了依托普通高等教育培养军队干部的路子。这条路要继续走下去，步子要迈得更大一些，思路要更加开阔一些，把更多具有高等教育文化基础、品学兼优的地方人才招进军队来。还有些人才可以用其他方式使他们为军队建设服务。我国现有工程技术人员近六百万，享受政府特殊津贴的专家十四万多，有突出贡献的中青年专家五千多，博士后在站人数七千多，把这些人才资源充分用好，将成为科技强军的强大支撑力量。

军队院校是培养新型军事人才的主渠道。我们要参照世界各国军事教育的有益做法，学习地方院校改革的经验，深化军队院校体制编制调整改革。从发展方向看，军队所需通用性专业人才可从地方招收补充，指挥军官的学历教育和部分专业进修也应在地方院校完成，这样就可以压缩军队院校的数量。对保留下来的军队院校，要加强集中统一领导，加大保障力度，实行规模化、集约化办学，优化军事教育资源配置。要大力推进教育创新，调整培训任务、培训体制、培训方式，改革教学内容，不断提高教育质量。训练机构和科研机构也要进行调整改革。

实践是学习科技知识的最好课堂，岗位是提高科技素质的基本平台。要进一步深入开展科技练兵，认真组织官兵在本职岗位上学习高技术基本知识、熟练掌握高新武器装备。要进一步完善机关、部队、院校干部的交流机制，逐步走开跨军兵种和跨军、政、后、装的干部交流任职的路子，着力培养复合型的领导指挥人才。各级各类干部都要树立终身学习的观念，通过持之以恒的学习，使自己始终跟上时代前进的步伐。

培养造就大批高素质新型军事人才，必须有相当的投入作保障。军费投入的重点，还应该加上人才建设。没有一定的投入，人才建设工作很难上得去。在发展社会主义市场经济的条件下，社会各领域在争取人才方面的竞争很激烈，军队所需人才引进难、保留难的问题很突出，一方面各种专业技术人才缺乏，另一方面花大气力好不容易培养起来的人才又留不住。我们要进一步加强思想政治工作，不断增强官兵为军队现代化作贡献的责任感和使命感，同时也要随着经济的发展不断改善官兵的生活待遇。要完善政策制度，建立健全吸引和保留人才的机制，把优秀人才吸引到军队中来，使他们为军队建设建功立业。要切实尊重劳动、尊重知识、尊重人才、尊重创造，造成一个有利于人才成长和发挥作用的良好环境。

三、大力加强和改进军队党的建设

迎接世界新军事变革的严峻挑战，积极推进中国特色军事变革，必须始终高度重视加强和改进军队党的建设。要认真贯彻党的十六大精神，认真贯彻"三个代表"重要思想，全面加强党的思想、组织、作风和制度建设，提高军队各级党组织的创造力、凝聚力、战斗力。这是军队全部工作的关键环节，必须切实抓紧抓好。

第一，必须始终把思想建设放在首位。加强党的建设，首要的是抓好思想建设。全军各级党委和全体党员必须认真学习马克思列宁主义、毛泽东思想、邓小平理论和"三个代表"重要思想，坚持用科学的理论武装头脑，以理论上的清醒来保证政治上的坚定。当前，要深入学习领会党的十六大精神，把思想认识统一到党的十六大精神上来，统一到"三个代表"重要思想上来，统一到中央的重大决策和部署上来，增强贯彻党的基本理论、基本路线、基本纲领、基本经验的自觉性和坚定性。要坚持"三个代表"重要思想在军队建设中的指导地位，使军队永远保持坚定正确的政治方向。要始终如一地坚持党对军队绝对领导的根本原则和制度，保证党从思想上、政治上牢牢掌握部队，确保军队高度集中统一和稳定，确保军队同党中央和中央军委保持高度一致，坚决听从党中央和中央军委指挥。这一条在任何时候任何情况下都不能有丝毫犹豫和动摇。要深入开展党的先进性教育，把先进性要求贯彻和体现到军队各项建设和工作中去，充分发挥党委的核心领导作用、基层党支部的战斗堡垒作用和共产党员的先锋模范作用，把全军官兵的智慧和力量最大限度地凝聚到军队现代化建设上来。

第二，必须紧紧围绕军队的中心任务加强党的各项建设。党的十六大总结党的建设的长期历史经验，得出一个重要结论，就是党的建设必须按照党的政治路线来进行，围绕党的中心任务来展开，朝着党的建设总目标来加强。在新世纪新阶段，我们党的中心任务是全面建设小康社会，开创中国特色社会主义事业新局面；军队的中心任务是以军事斗争准备为龙头的军队现代化建设。军队党的建设必须紧紧围绕这个中心任务来进行。换句话说，军队党的建设必须围绕提高军队的战斗力来进行。各级党委要努力提高思想政治水平，为军事斗争准备和军队现代化建设提供坚强的思想政治保证，同时要努力提高领导和管理水平，增强驾驭现代战争和领导军队现代化建设的能力。各级党组织和党的领导干部都要坚持党的思想路线，解放思想、实事求是、与时俱进，勇于站在时代潮流的前头，正确应对来自世界军事变革以及其他方面的严峻挑战，团结和带领广大官兵不断把军事斗争准备推向深入，把军队现代化建设推向前进。

第三，必须切实加强对高中级干部的教育管理。治党务必从严。贯彻党要管党、从严治党的方针，首先要加强对高中级干部的教育管理。我军高中级干部队伍总的状况是好的，军队建设这些年取得的进步和成就，是同他们的辛勤工作分不开的。但是，军队高中级干部队伍中存在的一些突出问题，也必须引起我们高度注意，必须严肃认真地抓。要坚持严格要求、严格教育、严格管理、严格监督。无论哪一位高中级干部发生了问题，都要严肃查处，决不能大事化小、小事化了，更不能捂着不报、养痈遗患。要加强党委班子建设，贯彻民主集中制，健全党内民主生活，开展积极的思想斗争，及时纠正不良倾向，坚决克服好人主义的市侩作风。一些党组织中存在一种倾向，就是原则性和战斗性不强，批评和自我批评的空气薄弱。有些单位党委班子成员之间只表扬不批评，一团和气，缺少真诚的帮助和监督。这个问题要认真加以解决。批评和自我批评，是维护党的团结和纯洁、增强党组织战斗力、防范消极腐败现象的有力武器。在新的历史条件下，批评和自我批评的优良传统不仅不能丢，而且要大大发扬。要把党内监督和制度建设结合起来，针对暴露出来的问题，建立和完善规章制度，并切实加大执纪力度。高中级干部要带头增强组织纪律观念，做到令行禁止。有的领导干部有令不行、有禁不止、明知故犯，甚至有的党委班子"集体犯规"，这是绝对不允许的。各级党委和领导干部，在重大原则问题上必须始终站在党的立场上，坚决维护政令、军令的严肃性和权威性，确保党中央和中央军委各项决策和指示得到贯彻落实。

第四，必须进一步端正领导作风和工作作风。这些年来，军队结合"三讲"教育、学习贯彻"三个代表"重要思想和党的十五届六中全会精神，狠抓党的作风建设，领导作风和工作作风有了明显改进，但形式主义、官僚主义现象仍然存在。在有些单位、有些领导干部身上，工作不实、作风飘浮、光说不做甚至弄虚作假的问题很严重。"文山会海"愈反愈烈，各种表彰会、评比会、观摩会、经验交流会名目繁多。有的搞训练和演习，不是练为战，而是练为看；有的热衷于迎来送往，下部队检查前呼后拥；有的进院校驻学，作业也要找人代劳，甚至把人马搬到北京来写。这些问题，严重影响部队风气，影响军队的凝聚力和战斗力。这些问题实质上是一些干部思想作风不端正的反映。各级领导干部要自觉加强世界观的改造，牢记全心全意为人民服务的宗旨，切实端正工作指导思想，把对上负责和对下负责一致起来，始终着眼部队长远建设和军事斗争准备的现实需要，注重打基础、求实效，埋头苦干，不求虚名。要坚持深入实际，搞好调查研究，了解实情、解剖麻雀，研究新情况、解决新问题。要建立和完善有关规章制度，采取有效措施防止和克服形式主义、官僚主义，坚决减少文电、会议和各类检查评比，严格控制上层领导活动和大型活动，对搞形式主义、官僚主义的特别是弄虚作假的要坚决反对，对因搞这些活动给部队建设造成重大损失的，要严肃处理直至追究法律责任。

我在党的十六大报告中特别指出，我们要紧紧抓住本世纪头二十年这一可以大有作为的重要战略机遇期。从国家来说，就是要完成全面建设小康社会的奋斗目标；从军队来说，就是要大力推进我军现代化建设的进程。最后，我还是强调要居安思危，增强忧患意识。全军各级干部对军队现代化建设一定要有紧迫感和责任感，要只争朝夕、不懈奋斗。

我军在新世纪新阶段的历史使命[*]

（二〇〇四年十二月二十四日）

胡　锦　涛

我军是党领导的人民军队，是执行党的政治任务的武装集团。随着我们党领导的事业不断发展，我军已经从革命战争时期在党领导下为夺取全国政权而进行武装斗争的重要力量，成为社会主义建设时期巩固人民民主专政的坚强柱石、保卫社会主义祖国的钢铁长城、建设社会主义的重要力量。

新世纪新阶段，党要团结带领全国各族人民全面建设小康社会，实现继续推进现代化建设、完成祖国统一、维护世界和平与促进共同发展三大历史任务，在中国特色社会主义道路上实现中华民族伟大复兴。在这一伟大历史进程中，我军应该肩负起什么样的历史使命，是一个必须深入思考的重大课题。学习"三个代表"重要思想、江泽民国防和军队建设思想，全面分析时代发展要求和我国安全形势变化，我感到，对于我军在新世

＊　这是胡锦涛同志在中央军委扩大会议上讲话的一部分。

纪新阶段的历史使命，要从以下几个方面加以准确把握。

第一，为党巩固执政地位提供重要力量保证。我们党成为执政党，是历史的选择、人民的选择。我们党的执政地位，是党团结带领全国各族人民经过长期革命斗争、历尽千辛万苦、战胜无数艰难险阻才取得的。党夺取全国政权不容易，执掌好政权尤其是长期执掌好政权更不容易。进入新世纪新阶段，综观国际国内形势，我们既面临难得发展机遇，也面临严峻挑战。我们仍面临发达国家在经济、科技、军事等方面占优势的压力。西方敌对势力亡我之心不死，加紧对我国实施西化、分化战略，企图用他们那一套政治模式和价值观来改造我们。我国改革发展正处在关键时期，社会利益关系更为复杂，各种敌对势力千方百计利用我们现实社会生活中的一些矛盾和问题兴风作浪，进行捣乱和破坏。国际国内敌对势力相互勾结、相互呼应。他们的最终目的就是颠覆我们党的执政地位，颠覆人民民主专政的国家政权，推翻我国社会主义制度。在复杂的国际战略背景和新的社会历史条件下，我们党能不能正确应对各种风险和挑战，巩固执政地位，完成执政使命，关键取决于党的执政能力。党的执政能力建设是党执政后的一项根本建设，核心是始终保持党同人民群众的血肉联系。我们必须认真贯彻党的十六届四中全会决定和部署，围绕提高党的领导水平和执政水平、提高拒腐防变和抵御风险能力这两大历史性课题，全面加强和改进党的建设，确保党始终代表中国先进生产力的发展要求，代表中国先进文化的前进方向，代表中国最广大人民的根本利益。只要我们党始终做到"三个代表"，坚持立党为公、执政为民，保证党的理论和路线方针政策反映人民利益，我们就能够得到全国各族人民真心实意的支持和拥护，就能永远立于不败之地。我军作为党领导的人民军队，在巩固党的执政地位、保证社会主义红色江山永不变色、维护人民群众根本利益中，肩负着神圣使命，具有重要作用。只要我们党紧紧依靠全国人民，牢牢掌握人民军队，国家就出不了什么大的乱子，我们就可以"任凭风浪起，稳坐钓鱼船"。因此，必须把坚持党对军队绝对领导的根本原则和制度，加强军队的革命化、现代化、正规化建设作为党执政的一项重要战略任务抓紧抓好，确保我军能够经受住各种斗争任务和各种复杂环境考验，始终成为党巩固执政地位的中坚力量。

第二，为维护国家发展的重要战略机遇期提供坚强安全保障。本世纪头二十年，是我们必须紧紧抓住并且可以大有作为的重要战略机遇期。抓住机遇促进发展，对全面建设小康社会、加快推进社会主义现代化至关重要。战略机遇期来之不易，维护和用好战略机遇期更要付出艰巨努力。维护和用好战略机遇期，就要维护国家安全、捍卫国家主权和领土完整，为国家发展创造和平国际环境、和谐社会环境，提供坚强有力的安全保障。当前，影响战略机遇期的因素仍然不少。我国历史遗留的陆地边界问题尚未完全解决，同一些周边国家也存在领海和海洋权益争端。"台独"分裂势力及其活动对国家主权和领土完整构成严重威胁。民族分裂主义势力给边疆地区安定团结造成危害。恐怖主义活动对国家安全稳定带来不利影响。随着我国社会结构深刻变革，各种思想文化相互激荡，各种社会矛盾相互影响，不利于社会稳定的因素增多。国家主权面临的威胁、祖国统一面临的挑战、社会稳定面临的问题，哪一方面防范不好、斗争不力、处置不当，都有可能影响和冲击国家发展的重要战略机遇期。军队要把国家主权和安全放在第一位，履行好维护国家主权、统一、稳定的神圣职责，为创造一个有利于全面建设小康社会、加快推进社会主义现代化的长期安全环境作出应有贡献。要坚决抵御外来侵略，确保我国领海、领空、边境不受侵犯。坚决反对和遏制"台独"分裂势力及其活动，严密防范和打击民族分裂主义势力，决不让各种分裂势力和西方敌对势力分化我国、破坏我国主权和领土完整的图谋得逞。要协助国家有关部门，严密防范和坚决打击恐怖主义活动。要密切关注社会形势，积极支持配合地方党委和政府妥善处理各种社会矛盾和问题，做好维护社会稳定工作。

第三，为维护国家利益提供有力战略支撑。时代进步和我国发展使我国国家安全利益逐渐超出传统的领土、领海、领空范围，不断向海洋、太空、电磁空间扩展和延伸。海洋安全、太空安全、电磁空间安全，已经成为国家安全的重要领域。海洋是国际交往的大通道和人类可持续发展的战略资源宝库。太空是当代国际合作、竞争、对抗新领域，太空资源开发利用为人类社会未来发展开辟了广阔前景。少数大国正加紧争夺太空军事优势，太空武器化进程加快。电磁空间是随着信息技术广泛应用而被人们逐步重视起来的物理空间，在军事上是继陆战场、海战场、空战场、天战场之后的"第五维战场"。我们必须拓展安全战略和军事战略视野，不仅要关注和维护国家生存利益，还要关注和维护国家发展利益；不仅要关注和维护领土安全、领海安全、领空安全，还要关注和维护海洋安全、太空安全、电磁空间安全以及其他方面国家安全。

第四，为维护世界和平与促进共同发展发挥重要作用。经济全球化趋势不断发展，使世界各国经济联系空前紧密，任何国家都难以脱离世界经济而孤立发展。改革开放以来，为推动我国经济加快发展，我们坚持对外开放的基本国策，全面提高对外开放水平，充分利用国内外两个市场、两种资源，努力在世界范围实现优势互补和共同发展。现在，中国经济和世界经济总体上形成了一种你中有我、我中有你的局面。中国的发展离不开世界，世界的发展也离不开中国。历史上，一些国家崛起，往往走的是对外掠夺扩张的道路，导致世界秩序急剧变动甚至引发战争。这种殖民主义、帝国主义的旧方式不符合历史潮流。我国是社会主义国家，不能也不会走这样的发展道路。中国的发展强大是不可阻挡的，但我们必须正确把握世界发展趋势，根据我们社会主义国家的性质，坚持走和平发展道路，高举和平、发展、合作的旗帜，坚持依靠自身力量独立自主建设中国特色社会主义，同时积极通过合作共赢的方式充分利用国外资源和市场，争取和平国际环境来发展自己，又以自身发展来维护世界和平。我们要坚持倡导互信、互利、平等、协作的新安全观，坚持在和平共处五项原则的基础上同各国友好相处、在平等互利的基础上同各国开展交流合作，推动建立公正合理的国际政治经济新秩序。不管现在还是将来，不管发展到什么程度，我们都永远不称霸。我们要以自己的实际行动向世人证明，中国和平发展有利于世界和平发展，不对任何国家构成威胁。但是，也要看到，我国要实现和平发展，要维护国家安全和利益，要维护世界和平与促进共同发展，必须有强大军事实力作后盾。我们要在国家经济不断发展的基础上，努力建设一支同我国安全和发展利益相适应的军事力量，提高应对危机、维护和平，遏制战争、打赢战争能力，以更好履行维护国家安全、捍卫国家主权和领土完整的职责，发挥维护世界和平的积极作用。

总之，新世纪新阶段我军肩负的使命光荣而重大。为了履行好党和人民赋予我军的历史使命，全军必须坚持以党的旗帜为旗帜，始终不渝坚持马克思列宁主义、毛泽东思想、邓小平理论和"三个代表"重要思想在军队建设中的指导地位，紧紧围绕打得赢、不变质两个历史性课题，切实按照"五句话"总要求，加强部队全面建设。要毫不动摇把思想政治建设摆在各项建设首位，保持和发展我军特有的政治优势，坚持不懈用党的理论创新最新成果武装全军，坚定官兵理想信念，强化全军军魂意识，坚定打牢部队听党的话、跟党走的思想基础，保证军队建设正确政治方向。要进一步增强各级领导干部政治意识、大局意识、战略意识，善于从政治高度观察和处理军事问题，善于着眼国家利益全局和发展大局筹划军队建设、指导军事行动。要紧紧抓住党的建设这个关键，按照党的十六届四中全会决定和中央军委关于加强军队党组织能力建设的意见，大力加强以能力建设为重点的各级党组织建设，切实把领导班子和干部队伍搞坚强，切实把基层建设搞扎实，保持部队高度稳定和集中统一，确保党从思想上政治上组织上牢牢掌握军队，使我军真正做到适应新形势、肩负新使命、完成新任务、实现新进步。

在国防和军队建设中贯彻落实科学发展观[*]

（二○○五年十二月二十一日）

胡　锦　涛

　　科学发展观是对经济社会发展一般规律认识的深化。在国防和军队建设中贯彻落实科学发展观，必须全面准确把握科学发展观的深刻内涵和基本要求，紧密结合国防和军队建设实际，切实把科学发展观贯穿于国防和军队建设全过程，落实到国防和军队建设各个领域。

　　总体要求是：坚持党绝对领导下的人民军队的根本性质和宗旨，着眼有效履行新世纪新阶段我军历史使命，以提高信息化条件下的威慑和实战能力为根本出发点和落脚点，全面加强革命化、现代化、正规化建设，全面落实"五句话"总要求，统筹中国特色军事变革和军事斗争准备，统筹机械化建设和信息化建设，统筹诸军兵种作战力量建设，统筹当前建设和长远发展，进一

＊　这是胡锦涛同志在中央军委扩大会议上讲话的一部分。

步实施科技强军战略，着力推动军事理论创新、军事技术创新、军事组织体制创新、军事管理创新，加快转变战斗力生成模式，充分发挥广大官兵主体作用，坚持军民结合、寓军于民，实现国防和军队建设全面协调可持续发展。

一、按照革命化、现代化、正规化相统一的原则加强军队全面建设。

加强全面建设，是军队贯彻落实科学发展观的基本要求。总结长期历史经验，军队全面建设的基本内容就是革命化、现代化、正规化。革命化是军队建设的政治方向，现代化是军队建设的中心任务，正规化是军队建设的重要基础。革命化、现代化、正规化建设相互联系、相互促进，构成一个有机的统一整体。要遵循邓小平同志提出的建设一支强大的现代化、正规化的革命军队的总目标，落实江泽民同志提出的政治合格、军事过硬、作风优良、纪律严明、保障有力的总要求，紧紧围绕履行好新世纪新阶段我军历史使命，紧紧围绕解决好打得赢、不变质两大历史性课题，全面加强和协调推进革命化、现代化、正规化建设，推动军事、政治、后勤、装备等各领域工作密切配合、共同进步。

我军作为执行党的政治任务的武装集团，必须始终把革命化建设放在第一位。在新的历史条件下，我军革命化建设面临新的考验和挑战。如何把我党我军优良传统一代代传下去，保持人民军队性质、本色、作风，使我军始终成为党绝对领导下的人民军队，是革命化建设长期的重大历史任务。思想政治建设是革命化建设的核心，是军队最根本的建设，任何时候都不能放松。要坚持不懈用马克思主义科学理论特别是党的理论创新成果武装全军，深入开展思想政治教育，引导官兵树立坚定的理想信念和正确的世界观、人生观、价值观，保持旺盛战斗精神。要毫不动摇坚持党对军队绝对领导的根本原则和制度，大力加强军队党的建设和干部队伍建设，确保党从思想上政治上组织上牢牢掌握部队。要紧密联系新的形势任务和官兵实际，积极推进思想政治工作创新发展，增强思想政治工作主动性、针对性、实效性。

我军现代化建设处在机械化任务尚未完成、同时又面临信息化任务的特殊历史时期。推进国防和军队现代化建设，要从我国国情和军情出发，以建设信息化军队、打赢信息化战争为战略目标，坚持以机械化为基础，以信息化为主导，推进机械化和信息化复合发展，实现部队火力、突击力、机动能力、防护能力、信息能力整体提高，增强我军信息化条件下的威慑和实战能力。

我军正规化建设面临着信息化和市场经济不断发展带来的深刻影响。要加深对新形势下治军特点和规律的认识，着力解决正规化建设中的突出问题，推动正规化建设向更高水平发展。要把从严治军作为全局性、基础性、长期性工作紧抓不放，在军事、政治、后勤、装备工作各个领域加大从严治军力度。要把依法治军作为正规化建设的基本要求，加强军事法制建设，把革命化、现代化建设和部队管理中创造的成功治军经验及时用法规形式确定下来，完善军事法规体系，依照条令条例和规章制度规范军队各项建设和工作，使军队建设进一步走上法制化轨道。

二、坚持以军事斗争准备为龙头带动军队现代化建设整体发展。

这些年来，我们始终把军事斗争准备作为军队现代化建设的龙头紧抓不放、扎实推进，对维护国家安全统一发挥了重大作用，也对推动军队全面建设和发展发挥了重大作用。以军事斗争准备为龙头，抓住发展重点，统筹发展全局，通过局部跃升促进整体提高，不仅适应了国家安全形势需要，而且也适应了我军现代化建设需要。必须深刻认识军事斗争准备在我国安全和发展战略全局中的重要地位。军事斗争准备是我军长期的主要战略任务，必须集中资源和力量继续抓紧抓好。

从我国国情和军情出发，我军现代化建设不能盲目铺摊子，也不能搞"军备竞赛"，只能根据维护国家安全统一需要和军事斗争任务的轻重缓急，逐步加以推进。军事斗争任务，为我军现代化建设提供了紧迫的作战需求，提供了明确具体的要求，也提供了实实在在的抓手，形成了巨大牵引力量。未来作战将是信息化程度很高的诸军兵种一体化联合作战。我军要打赢这样一场战争，必须重点加强海军、空军、二炮作战部队以及其他作战部队建设，提高诸军兵种部队在信息化条件下实施一体化联合作战能力。这同建设信息化军队、打赢信息化战争的战略目标从根本上说是一致的。在加紧做好军事斗争准备的同时，要统筹军队现代化建设全局，科学合理确定军队现代化建设资源投向和投量。

三、注重解决体制机制上制约军队发展的深层次矛盾和问题。

改革创新体制机制，对实现科学发展具有根本性、长远性意义。随着战争形态由机械化向信息化加速转变和我国改革开放深化，一些体制机制上制约军队建设发展的深层次矛盾和问题日益凸显，成为影响军队建设发展和战斗力提高的关键因素。我们必须解放思想、开拓创新，积极推进中国特色军事变革，继续深化体制编制和政策制度调整改革，进一步转变领导管理方式，为军队建设科学发展提供更具活力的体制机制保证。

体制编制调整改革总的方向，是逐步建立起适应武器装备现代化发展水平和信息化条件下作战方式变化的新型体制编制。为了提高我军一体化联合作战能力，必须大力加强联合训练，建立和完善有利于开展联合训练的体制机制。一体化训练研究探索既要积极又要稳妥。建立三军一体化后勤保障体制的目标不能动摇，大联勤改革试点要继续推进。要加快建立和完善适应社会主义市场经济特点和武器装备发展规律的竞争、评价、监督、激励机制，积极推进装备采购制度改革，努力提高装备建设质量和效益。优化力量结构和部队编成是深化体制编制调整改革的重要内容。要根据武器装备更新换代情况和担负的作战任务，调整各军兵种内部力量结构，增加高新技术装备部队比重，推动作战部队编成向充实、合成、多能、灵活的方向发展。

"十一五"时期，我们要集中精力抓一抓政策制度调整改革，尤其要注意解决那些关系广大官兵切身利益的问题，力争取得一些实质性成果，以利于进一步集聚人才、凝聚军心，保持部队稳定。现在，军队征兵难、吸引保留人才难、转业退伍安置难、伤病残人员移交地方难和一些基层干部生活困难等问题比较突出。这些问题存在的主要原因在于有关军队建设的一些重要政策制度滞后于社会利益关系调整变化和国家政策制度创新发展，滞后于军队现代化建设发展。因此，必须着力从政策制度调整改革上寻找解决这些问题的出路和办法。兵役制度、军人转业退伍安置制度以及工资福利制度、住房制度、医疗保障制度、军人社会保险制度，都要根据社会主义市场经济发展和国家劳动人事制度、公务员制度、社会保障方式改革的趋势，积极主动同国家有关部门协调，逐步进行调整改革。军队能够自主调整改革的军官考评、选拔、任用和士官士兵管理等制度，更要抓紧进行。

当前，军队建设发展和军事斗争准备中还不同程度存在一些资源分散、重复建设、政出多门、管理多头、职责不清问题，必须引起我们高度重视。高层领导机关要进一步完善有利于加强集中统一领导的工作协调机制，强化战略管理职能，切实加强规划计划统筹指导作用，加强对规划计划执行过程的宏观监督和有效调控，坚决防止出现同体系建设目标相背离的"大而全"、"小而全"问题，努力提高军队建设整体质量和效益。

四、依靠科技进步加快转变战斗力生成模式。

科学发展观把依靠科技进步和创新、加快转变经济增长方式，作为实现经济持续快速协调健康发展的重要途径。这一思想对军队战斗力建设也具有重要指导意义。军队战斗力由人、武器以及人和武器的结合方式三个基本要素构成。科学技术特别是以信息技术为主要标志的高新技术迅猛发展及其在军事领域的广泛运用，深刻改变着战斗力要素内涵，从而深刻改变着战斗力生成模式。信息能力在战斗力生成中起着主导作用，信息化武器装备成为战斗力的关键物质因素，基于信息系统的体系作战能力成为战斗力的基本形态，人的科技素质在战斗力中具有特别重要的意义。提高军队科学技术含量，加强以信息化为主要标志的军队质量建设，成为世界军事发展趋势，过去那种单纯依靠增加人员规模和一般技术武器装备数量来提高军队战斗力的模式已经不能适应信息化战争的要求。我们必须进一步实施科技强军战略，推进军队建设由数量规模型向质量效能型、由人力密集型向科技密集型转变，把军队战斗力生成模式切实转到依靠科技进步特别是以信息技术为主要标志的高新技术进步上来，不断提高官兵科技素质，充分发挥科技进步和创新对战斗力提高的巨大推动作用。

为了加快转变我军战斗力生成模式，必须高度重视武器装备和国防科技发展自主创新。要努力增强原始创新、集成创新和引进消化吸收再创新能力，力争在一些基础性、前沿性、战略性技术领域取得重大突破，掌握拥有自主知识产权的国防关键技术和核心技术。要坚持有所为有所不为、有所赶有所不赶，推动我军高新技术武器装备自主式发展、跨越式发展、可持续发展。要适应信息化战争需要，加紧构建一体化联合作战体系。加强诸军兵种部队综合集成建设，把各种作战力量、作战单元、作战要素融合为一个结构合理、协调运行的整体，使我军能够生成和发挥出最大整体作战效能。

高素质军人是现代军队这个复杂人机系统运行的决定性因素。要以指挥军官队伍、参谋队伍、科学家队伍、技术专家队伍、士官队伍这"五支队伍"建设为重点，加大实施人才战略工程力度，加强在职学习，加强院校培训，加强实践锻炼，努力造就大批适应军队信息化建设、胜任信息化条件下作战任务的高素质新型军事人才。要坚持科技练兵、科技兴训，改革训练内容和组训方式，创新训练手段和方法，运用科技成果提高训练质量，促进部队战斗力发展。

五、积极探索军民结合、寓军于民的发展路子。

实现国防和军队现代化建设又快又好发展，必须坚持军民结合、寓军于民，把国防和军队现代化建设深深融入经济社会发展体系之中。这是国防和军队现代化建设贯彻落实科学发展观必须做好的一篇大文章。从世界范围看，当代科技革命、产业革命、新军事变革的发展使国防经济和社会经济、军用技术和民用技术的结合面越来越广、融合度越来越深，信息化战争呈现军民一体、前后方一体的趋势，信息化军队建设和作战对经济、科技和社会的依赖性空前增强。实行军民结合、寓军于民，推进军民一体化建设，成为一些国家的政策取向。新中国成立以来，我们党在领导国防和军队建设中始终坚持人民战争的战略思想，致力于探索军民结合、寓军于民这样一条路子，认识不断深化，实践不断拓展。新世纪新阶段，我国高新技术产业化和社会信息化迅速发展、经济结构调整步伐加快，特别是社会主义市场经济体制不断完善和中国特色军事变革不断深入，对军民结合、寓军于民提出了新的要求，也提供了更加有利的条件，利用国家经济社会资源加快国防和军队发展前景非常广阔。我们要认真总结自己的成功经验，借鉴国外有益经验，积极探索新形势下军民结合、寓军于民的新途径新方法，全面推进经济、科技、教育、人才等各个领域的军民融合，在更广范围、更高层次、更深程度上把国防和军队现代化建设同经济社会发展结合起来，为实现国防和军队现代化提供丰厚的资源和持续发展的后劲。

实现军民结合、寓军于民，需要党和国家从经济社会发展全局通盘考虑，完善有利于军民统筹协调的体制机制，制定相应的法规政策和军民通用技术标准，在经济社会发展规划中兼顾军事需求，逐步建立起军民结合、寓军于民的经济社会发展体系。军队则要积极主动发挥推动作用。要强化军民结合、寓军于民意识，能利用民用资源的就不自己铺摊子，能纳入国家经济科技发展体系的就不另起炉灶，能依托社会保障资源办的事都要实行社会化保障。要加大依托国民教育培养军事人才和从社会引进专业技术人才工作的力度，更好满足军队建设日益增长的高素质人才需求。要继续推进军队后勤保障和其他保障社会化。国防动员是实现军民结合、寓军于民的重要组织形式和桥梁。要进一步完善国防动员体制机制，大力加强民兵预备役部队建设，不断增大国防后备力量科技含量，突出抓好高新技术武器装备动员建设和综合保障动员建设。要充分发挥我们的政治优势，巩固军政军民团结，切实增强信息化条件下人民战争的整体实力。

六、充分尊重广大官兵主体地位和创造精神。

科学发展观的本质是坚持以人为本。军队要把以人为本作为重要的建军治军理念。军队讲以人为本，最重要的是必须始终坚持人民军队根本性质，坚决维护人民群众根本利益。我军是党绝对领导下的人民军队，来自人民，服务人民。全心全意为人民服务，是我军的唯一宗旨和最高准则。一切为了人民，紧紧依靠人民，是我军团结战斗的思想基础和力量源泉。不管时代如何发展、形势和任务如何变化，当人民的子弟兵，做人民利益的忠实捍卫者，这一条任何时候也不能改变。

坚持以人为本，对军队自身建设来说，就是要尊重官兵主体地位，发挥他们在军队建设中的主体作用。马克思主义战争观认为，人是战争的决定性因素，最终决定战争胜负的是人而不是物。人是战争中武器装备的使用者、作战方法的创造者、军事行动的实践者，人的素质和精神状态对战斗力形成和发挥具有重要影响。军队讲以人为本，必须把推动部队建设和促进官兵全面发展有机统一起来。要坚定相信和依靠广大官兵，增强他们的主人翁意识和使命感、责任感，把广大官兵中蕴藏的巨大积极性和创造性充分挖掘出来、调动起来，凝聚到军队现代化建设上来。要努力促进和实现官兵全面发展，不断提高官兵思想政治素质、科学文化素质、军事专业素质和身体心理素质，把他们培养成为有理想、有道德、有文化、有纪律的新一代革命军人。要关心官兵切身利益，重视解决官兵工作生活中的实际困难和问题，不断改善官兵物质文化生活条件。要维护官兵正当民主权益，加强新形势下军队内部政治民主、经济民主、军事民主建设。官兵一致、尊干爱兵是我们党建军的重要原则。要认真研究解决新形势下官兵关系出现的新情况新问题，广泛深入开展尊干爱兵教育，增强基层干部和骨干依法带兵、以情带兵、文明带兵、科学带兵的意识和能力，进一步巩固和发展我军团结、友爱、和谐、纯洁的内部关系。

军队建设贯彻以人为本，要符合军队作为武装集团的特殊性，适应遂行作战任务要求。要把爱护官兵生命和培育战斗精神统一起来，继承和发扬我军大无畏的英雄气概和英勇顽强的战斗作风，大力提倡为了人民利益勇于牺牲奉献，做到一不怕苦二不怕死。要把关心官兵个人发展和从严治军统一起来，严格制度、严格纪律、严格训练、严格管理，做到令行禁止。要把尊重官兵权益和确保一切行动听指挥统一起来，教育广大官兵正确认识军人的义务和权益，自觉为祖国、人民、军队多作贡献。

向信息化条件下军事训练转变*

（二〇〇六年六月二十七日）

胡　锦　涛

　　进入新世纪新阶段，我军适应战争形态和作战方式发展趋势，确立了建设信息化军队、打赢信息化战争的战略目标，努力推进机械化和信息化复合发展，军事训练正在经历一场深刻变革。我们要在多年有益探索的基础上，依据新时期军事战略方针，立足机械化和信息化复合发展实际，更加自觉主动地推进机械化条件下军事训练向信息化条件下军事训练转变。应当看到，这一转变既是紧迫任务，又有一个长期发展过程。要根据机械化、信息化建设实际进程和发展水平，从实际出发，分类指导，创造性开展军事训练，着力提高训练质量和效果，扎扎实实推进机械化条件下军事训练向信息化条件下军事训练转变，加快提高我军信息化条件下的威慑和实战能力。

　　一、按照打赢信息化条件下局部战争要求全面严格

---

　　*　这是胡锦涛同志在全军军事训练会议上讲话的一部分。

训练部队。

信息化条件下局部战争是在陆海空天等有形战场和电磁空间、认知领域等无形战场同时展开的较量，官兵技能、智能、体能、意志等个体素质和军队整体作战能力将面临全面考验，人与武器结合更加强调人机系统整体性和技术战术有机融合。这就要求我们必须进行全面扎实的训练，打牢部队战斗力基础。要努力抓好各级各类人员训练，从士兵到将军人人都要受训。各级首长机关要把抓部队训练和抓自身训练统一起来，尤其要坚持主官训、训主官。要努力抓好技术战术基础训练、合同战术训练、战略战役训练，坚持逐级训练、逐级合成、逐级形成战斗力。要努力抓好战时政治工作研练和后勤、装备保障训练，加强训练中的思想政治工作和各项保障工作。在抓好部队训练的同时，还要加强院校教育和民兵预备役训练。

强军必须兴训，治训务必从严。军事训练贵在一个"严"字。我军已经多年没有打过仗，缺乏信息化条件下的作战经验。因此，必须坚持从信息化条件下实战需要出发从难从严训练。要围绕作战任务，加大训练力度，进行必要的实兵实装实弹训练，对那些实战价值较高的训练科目要专攻精练。要把从严训练、提高训练水平、保证训练安全统一起来，既要高度重视训练安全，又要防止因安全风险放弃训练或降低训练标准。还应当看到，保证部队和装备安全就是保战斗力，必须从严执行这方面的规章制度。要突出复杂困难条件下的训练，尽可能多练几手、多备几招。制信息权实质是制电磁权，不仅要把高技术武器装备放到复杂电磁环境中去训练和检验，而且要在这种条件下开展带战术背景的综合演练。要加强对抗性训练，强化专业技术对抗和首长机关对抗，积极开展部队实兵战术对抗，逐步推开联合对联合的体系对抗。

信息化条件下军事训练同机械化条件下军事训练相比，训练内容和组训方式等都发生了很大变化，传统训练组织管理模式面临诸多挑战。要把握信息化条件下军事训练军兵种专业复杂、技术含量高、保障任务重等特点，努力探索正规化训练新路子。要坚持依法治训、按纲施训，保持正规训练秩序，确保人员、内容、时间、质量四落实。要进一步优化训练程序，把确定能力需求和质量评估作为必要环节，建立健全适应信息化条件下作战要求的训练法规和训练标准体系，强化军事训练全过程全要素精细管理。

二、着眼提高诸军兵种一体化联合作战能力大力加强联合训练。

信息化条件下局部战争是体系和体系的对抗，基本作战形式是一体化联合作战。联战必须联训。新中国成立以来，随着我军军兵种结构和武器装备发展变化，军事训练先后突出抓了正规化训练、基础训练、合同训练，近些年又加大了联合训练力度，进行了一体化训练试点，军队建设和军事训练持续发展为深入开展联合训练奠定了基础。联合训练是有机融合诸军兵种作战能力的高级训练形式。加强联合训练，就抓住了战斗力生长链条中的关键环节，有利于引领各层次训练，有利于聚合各类作战单元、各种作战要素，有利于带动军事训练整体水平提高。当前，我军联合训练总体上还比较薄弱，主要是联合作战观念不够强，领导管理体制和运行机制不够完善，实兵联合训练开展得比较少，联合作战能力与实战要求还有较大差距。大力加强联合训练势在必行。

联合训练贯穿于战略战役战术各个层次，但主要是战略战役层次训练。战略训练是最高层次的联合训练。要进一步深化战略性联合课题训练，提高领率机关战略筹划和联合指挥能力。联合战役训练是联合战役军团形成作战能力的主要途径。要突出联合战役指挥员和指挥机关训练，强化参战部队联合实兵演练，注重各种支援力量综合保障训练。作战集团编组联训是联合战役训练的一种好形式，要在不断完善的基础上逐步推广。在特定情况下，使用较小规模兵力实施联合战斗，可能成为未来中小规模作战和应对武装冲突的一种重要作战形式，通过这种联合战斗甚至可以达成战役乃至战略目的。要依据总的战略意图，依托我军预警探测、指挥控制、综合保障的大系统，加强战术兵团联合战术编组研练，逐步扩大联合战斗训练范围，提高部队遂行任务能力。部队训练和院校教育都要注重打牢联合训练基础，切实增强联合作战观念，掌握联合基本知识和基本技能。一体化训练，是适应信息化条件下局部战争需要、以信息技术为支撑、为提高一体化联合作战能力而进行的整体训练。要进一步加强理论研究，积极稳妥进行一体化训练探索。

人民战争历来是我们克敌制胜的法宝，任何时候都不能丢。未来我军诸军兵种联合作战，离不开人民群众支持和地方各方面支援。要加强军地配合，围绕国防动员以及舆论战、心理战、法律战等方面课题，积极探索军政军民联合训练的有效机制和方法。要重视维护海洋、太空、电磁空间安全以及反恐、救援等领域的军地联合训练，提高军民联合行动能力。我们已多次同外军开展联合军事演习，在国际国内产生了广泛积极的影响。要适当加强同外军的联合训练，学习借鉴外军有益经验，增强我军参与维护世界和平与地区稳定能力，营造有利国际和周边安全环境。

三、坚持把军事训练的根本着眼点放在提高官兵综合素质上。

人是战斗力的主体，是战争的决定因素。军事训练说到底是对人的训练，任何时候都要把提高人的素质放在第一位。在信息化条件下，战争对人的素质提出了不同于机械化条件下的新要求。这就意味着，推进我军军事训练向信息化条件下军事训练转变，最根本最紧要的是在提高官兵综合素质上狠下功夫，促进官兵知识和能力结构转变，努力把他们培养成适应信息化条件下局部战争要求的军人。这些年，随着我军武器装备特别是高新技术武器装备加速发展，官兵素质特别是科学文化素质偏低问题日益突出，抓紧提高官兵综合素质已成为当务之急。同时，还应看到，虽然我军武器装备有了很大发展，但不同技术水平的装备并存，总体技术水平仍然比较落后，我们必须发扬以劣势装备战胜优势装备之敌的优良传统，树立立足现有装备打胜仗的思想，通过苦练精兵弥补装备技术上的差距和不足。要大力加强官兵技能、智能、体能、心理和作风纪律等各个方面训练，使官兵思想政治素质、科学文化素质、军事专业素质和身体心理素质全面发展、全面过硬。要抓好高素质新型军事人才教育训练，培养造就指挥、技术、管理等方面一批又一批高素质人才，形成人才辈出的生动局面。士官在部队建设和未来作战中的作用越来越重要，要重视抓好士官教育训练，全面提高他们的专业技能和组训能力，进一步提高部队基层训练质量。高级指挥员和领率机关人员素质直接决定军队建设水平高低，决定未来战争胜负，要把对他们的训练突出出来，努力提高信息化条件下的谋略水平和组织指挥能力。

在军事训练中提高官兵综合素质，是一项长期的艰巨任务。要根据军事人才成长规律和各类岗位需求，强化院校和部队合力育人，加大开放式培养力度，建立完善以提高能力为核心、培训和使用紧密结合的人才全程培养机制，努力形成院校教育和部队训练衔接、军事教育和依托国民教育并举、国内培养和国外培训结合的官兵素质培养格局，使军队人力资源得到有效开发和充分利用。部队训练是提高官兵素质的重要实践课堂。要深入开展岗位练兵，积极组织群众性比武竞赛和争先创优活动，并在重大军事演习和执行急难险重任务中加强摔打锤炼，使官兵在火热的练兵实践中锻炼成长。院校教育是军事训练的重要组成部分，是人才培养的主渠道。要落实院校教育优先发展战略，加紧完善新型院校体系，不断深化院校教育改革，全面提高院校教学科研水平和人才培养质量，使军队院校更好担负起培养高素质新型军事人才的历史重任。地方大学生已逐步成为我军干部的重要来源，要进一步搞好接收工作，把品学兼优的人才接收进来。要逐渐扩大出国培训数量，积极参与国际军事交流活动，使官兵开阔眼界、丰富阅历、增长见识。

四、适应战斗力生成模式转变坚持走科技兴训之路。

当今时代，人类社会步入了一个科技创新成果不断涌现的重要时期，科技发展越来越呈现学科交叉、高度集聚、群体突破的态势，科学技术特别是战略高技术日益成为经济社会发展的决定性力量。在世界新科技革命推动下，军事技术领域也出现了令人瞩目的变化，军事电子信息技术不断发展，高超声速技术取得重大突破，临近空间技术成为新的发展动向，军用无人平台技术进展迅速，核武器技术竞争更加激烈，信息化、智能化、一体化成为武器装备发展总趋势。科学技术迅猛发展正深刻改变着战斗力生成模式。我们要坚持科技兴训，充分发挥科学技术对军事训练的推动作用，提高科学技术对战斗力增长的贡献率。要积极探索信息化条件下科技练兵新途径新方法，把科技练兵引向深入。

坚持科技兴训，关键是要通过学科技、用科技，不断增大军事训练科技含量，努力提高军事训练质量和效益。学习掌握高技术知识是时代和战争发展的客观要求。要进一步把高技术知识学习纳入部队训练纲目和院校教学计划，作为考核的重要内容，深入持久抓下去，使高技术知识学习经常化、制度化、规范化。要适应科技创新和知识更新加快趋势，强化终身学习观念，不断吸收人类创造的最新知识和科技成果。要把学习高技术知识同研究现代战争、解决军事斗争准备现实问题和履行岗位职责结合起来，增强学习效果。新装备训练是战斗力生成的新的增长点。要充分认清新装备形成战斗力的艰巨性和复杂性，充分认清新装备对作战方式带来的深刻影响，加强对新装备操纵使用、战斗编组形式、作战指挥方式、战法的研练。不仅要练好掌握运用新装备本领，还要练好维修管理新装备本领。要充分挖掘老装备潜力，下功夫研究如何通过训练实现新老装备有机结合，实现高、中、低技术合理搭配，最大限度发挥现有装备整体作战效能。要努力运用好现代化训练方法和手段。加强训练基地建设，创设逼真的信息化战场环境，发挥训练基地综合效益，使基地化训练成为提高部队信息化条件下整体作战能力的重要方式。加快发展模拟装备器材，加强模拟训练对实装训练的辅助和支持作用，使实装训练和模拟训练紧密结合。推进网络化建设，特别是要开发作战指挥信息系统的训练功能，将依托网络训练扎实有效开展起来。

五、围绕构建信息化条件下军事训练的科学体系深化改革创新。

我军军事训练发展的历史，是一部改革创新的历史。这些年来，训练改革在许多方面取得了显著成绩，对军事训练发展起到了很大促进作用。但是，随着形势、任务、环境发展变化，影响和制约军事训练的一些矛盾和问题日益凸显。我们必须以改革为动力，在改革中求发展，通过改革创新，逐步构建体现时代特征、适应战争发展、符合使命要求、具有我军特色的信息化条件下军事训练的科学体系。

通过改革创新构建信息化条件下军事训练的科学体系，是一个复杂的系统工程，必须遵循正确原则，采取科学态度。要以毛泽东军事思想、邓小平新时期军队建设思想、江泽民国防和军队建设思想为指导，贯彻落实科学发展观，认真研究现代战争特点和规律、新形势下军事训练特点和规律，积极探索信息化条件下的作战和训练理论，增强训练改革科学性，始终保持正确方向。要贯彻战训一致原则，坚持战斗力标准，根据新时期军事战略方针，针对使命任务增强训练改革实效性。要坚持一切从实际出发，既要积极又要稳妥，一方面要增强改革主动性，不等不靠，有所作为，对那些长期积累、认识比较一致而又能够解决的问题要抓紧解决，对发展中出现的新问题要积极探索解决的办法；另一方面也不能超越客观条件急于求成，要深入进行调查研究、试点探索、综合论证，确保训练改革健康发展。要坚持在继承中创新，发扬我军在长期实践中形成的军事训练的好传统，并不断以创新实践为军事训练发展注入新的时代内涵。要正确处理借鉴外军经验和保持我军特色的关系，紧跟世界军事发展潮流，积极学习各国军队训练改革有益做法，结合我国的国情军情加以消化、改造、创新利用。要加强科学统筹，把战略战役训练、合同战术训练、技术战术基础训练，诸军兵种和武警部队训练，部队训练、院校教育、民兵预备役训练统起来，使训练改革协调发展、整体推进。

军队要听党指挥、
服务人民、英勇善战[*]

（二〇〇七年八月一日）

胡　锦　涛

　　八十年前，中国还处在半殖民地半封建的黑暗境地。一九二七年，正当大革命蓬勃发展的时候，国民党反动派背叛革命，勾结帝国主义，血腥屠杀中国共产党人和革命群众，使轰轰烈烈的大革命惨遭失败。中国共产党人从血的教训中深刻认识到开展武装斗争、创建人民军队的极端重要性，毅然发动了南昌起义。南昌起义，连同随后党发动和领导的秋收起义、广州起义以及其他许多地区的武装起义，开启了我们党独立领导革命战争、创建人民军队、武装夺取政权的新时期，揭开了中国革命的新篇章。中国共产党从此有了自己绝对领导之下、忠实执行革命政治任务的武装力量，中国人民从此有了同自己血肉相连、全心全意为人民服务的子弟

---

　　* 这是胡锦涛同志在庆祝中国人民解放军建军八十周年暨全军英雄模范代表大会上讲话的一部分。

兵，中华民族从此有了实现独立解放和伟大复兴的坚强保障。

在八十年的顽强奋斗中，人民解放军在以毛泽东同志、邓小平同志、江泽民同志为核心的党的三代中央领导集体以及党的十六大以来的党的中央领导集体领导下，紧紧依靠人民，为民族独立、人民解放和国家富强、人民幸福作出了重大贡献。我们的人民军队，在土地革命战争、抗日战争、解放战争长达二十二年艰苦卓绝的斗争中，脚踏着祖国的大地，背负着民族的希望，以无与伦比的英雄气概、超乎寻常的革命毅力、灵活机动的战略战术，不怕牺牲，浴血奋战，打败了凶恶的国内外敌人，推翻了压在中国人民头上的三座大山，为建立人民当家作主的新中国创造了根本条件。我们的人民军队，全面履行保卫祖国、保卫人民和平劳动的根本职能，英勇捍卫新生的人民政权，胜利进行抗美援朝战争和多次边境自卫防御作战，严密守卫祖国万里边防和辽阔海疆，依法履行香港、澳门防务职责，有效震慑和打击危害国家安全和统一的各种分裂、破坏活动，为国家发展繁荣提供了可靠安全保障。我们的人民军队，自觉在国家建设大局下行动，发挥自身优势，积极承担关系国计民生的重点工程建设任务，支援地方抢险救灾，为保护人民生命财产奋不顾身、赴汤蹈火，踊跃参加社会公益事业，带头传播社会主义新思想新风尚，有力支持了国家经济社会发展。我们的人民军队，广泛开展对外军事交流，积极参加联合国维和行动和国际救灾行动，加强国际反恐军事合作，为维护世界和平发挥了重要作用。

在八十年的顽强奋斗中，人民解放军从小到大、由弱变强，不断推进自身建设发展，革命化、现代化、正规化水平显著提高。人民解放军已经由过去弱小的单一军种的军队发展成为诸军兵种合成、具有一定现代化水平并开始向信息化迈进的强大军队。我们建立起完整的国防科技和国防工业体系，国防实力不断增强。人民解放军走出了一条符合我国实际的军队建设道路，创造了适应我国国情的人民战争战略战术，优化了军队体制编制，提高了后勤和装备综合保障能力，形成了反映现代军事发展规律、体现人民军队性质和优良传统的军事法规体系，培养造就了一大批高素质新型军事人才。所有这些，为人民解放军更好履行职能使命提供了力量支持，为基本实现国防和军队现代化奠定了坚实基础。

在八十年的顽强奋斗中，人民解放军培育和形成了优良革命传统。人民解放军的优良革命传统，集中起来就是听党指挥、服务人民、英勇善战。听党指挥，是党和人民对人民军队的最高政治要求，是人民解放军不可动摇的根本原则。人民军队必须具有凝聚军心的神圣军魂。人民解放军铸就的军魂，就是坚持党的绝对领导。正是由于高度自觉听党指挥，人民解放军才始终保持了坚定正确的政治方向，始终保持了强大的凝聚力和战斗力，始终保持了蓬勃旺盛的生机活力。服务人民，是人民军队一切奋斗发展的出发点和归宿，是人民解放军必须永远坚持的根本宗旨。人民军队必须具有牢不可破的依靠力量。从诞生之日起，人民解放军就始终坚持全心全意为人民服务的宗旨，完全彻底为人民利益而奋斗，赢得了亿万人民的衷心爱戴和全力支持，形成了夺取胜利最深厚最伟大的力量源泉。英勇善战，是人民军队的鲜明特征，是人民解放军履行职能使命的根本要求。人民军队必须具有克敌制胜的强大能力。在长期实践中，人民解放军大力发扬压倒一切敌人而不被任何敌人所压倒、征服一切困难而不被任何困难所征服的英雄气概和革命精神，既敢于胜利又善于胜利，生成和发挥了强大战斗力量，创造了一个又一个人类战争史上的奇迹。听党指挥、服务人民、英勇善战，体现了人民解放军的性质、宗旨、本色，凝聚着党和人民对军队的重托和期望，是我们总结人民解放军八十年建军治军经验的基本结论。

　　总结历史，我们完全可以说，党和人民事业之所以能够不断从胜利走向胜利，社会主义中国之所以能够在国际风云剧烈变幻中始终站稳脚跟，一个重要原因，就是我们有人民解放军这样一支忠于党、忠于社会主义、忠于祖国、忠于人民的英雄军队。

　　八十年来，我们党坚持把马克思主义军事理论同中国革命战争和人民军队建设实践结合起来，创造了一整套中国特色建军治军的方针原则，形成了毛泽东军事思想、邓小平新时期军队建设思想、江泽民国防和军队建设思想三大军事理论成果。毛泽东军事思想，指引我们党正确解决了在半殖民地半封建的旧中国进行新民主主义革命的历史条件下建设无产阶级新型人民军队，实行人民战争，走以农村包围城市、最后夺取全国胜利的道路，以及取得全国政权后建立现代国防的重大课题。邓小平新时期军队建设思想，指引我们党正确解决了在和平与发展成为时代主题、我国进行改革开放的历史条件下走中国特色精兵之路，建设强大的现代化正规化革命军队的重大课题。江泽民国防和军队建设思想，指引我们党正确解决了在世界新军事变革蓬勃进行、我国社会主义市场经济深入发展的历史条件下积极推进中国特色军事变革，保证人民军队打得赢、不变质的重大课题。八十年来，人民军队建立的一切功勋，国防和军队建设取得的一切成就，都是同毛泽东同志、邓小平同志、江泽民同志的卓越领导才能和重大理论贡献紧紧联系在一起的。毛泽东军事思想、邓小平新时期军队建设思想、江泽民国防和军队建设思想，是马克思主义军事理论中国化的重大成果，是引领人民军队不断发展壮大的科学指南，是对马克思主义军事宝库的丰富和发展。

当今时代，国际形势处在复杂的变动之中，我国社会也处在深刻变革之中。国际形势总体稳定，和平与发展仍然是时代主题，但世界并不太平。我国改革开放和社会主义现代化建设胜利推进，国家经济实力大幅提升，人民生活显著改善，全面建设小康社会取得重大进展，但改革发展和改善民生的任务依然艰巨繁重。我们面临的机遇前所未有，面对的挑战也前所未有。我们要坚持以邓小平理论和"三个代表"重要思想为指导，深入贯彻落实科学发展观，全面分析国际国内形势，增强忧患意识，做到居安思危，坚定不移走中国特色社会主义道路，坚持以经济建设为中心，推动经济、政治、文化、社会、国防等各项事业全面发展，继续把中国特色社会主义伟大事业推向前进。

经济建设是国防建设的基本依托，国防实力是综合国力的重要体现。我们要深刻认识世界军事发展新趋势和我国发展新要求，遵循国防建设和经济建设协调发展的方针，在国家经济实力不断增强的基础上，逐步增加国防投入，不断提高国防和军队现代化水平，努力建设与国家安全和发展利益相适应的巩固国防和强大军队。这是人民解放军的历史责任，也是全国各族人民的共同事业。

我们必须坚持以毛泽东军事思想、邓小平新时期军队建设思想、江泽民国防和军队建设思想为指导，把科学发展观作为加强国防和军队建设的重要指导方针，在更高起点上推进国防和军队现代化。新世纪新阶段，国防和军队现代化建设的发展，必须是融入国家现代化战略全局、与国家安全和发展利益相适应的发展，是注重全面建设、革命化现代化正规化相统一的发展，是坚持以人为本、推动军队建设与促进官兵全面发展相一致的发展，是走中国特色精兵之路、速度质量效益相协调的发展，一句话，必须努力实现国防和军队现代化建设又好又快发展。

人民军队的历史使命，历来同党的历史任务紧密相连，同国家安全和发展利益紧密相关。为党巩固执政地位提供重要力量保证，为维护国家发展的重要战略机遇期提供坚强安全保障，为维护国家利益提供有力战略支撑，为维护世界和平与促进共同发展发挥重要作用，是新世纪新阶段军队历史使命。切实履行好这一历史使命，是党的重托、人民的期望。人民解放军的全部工作，都要围绕有效履行这一历史使命来展开，各项建设都要围绕提高履行历史使命的能力来进行。全军同志要忠于使命、献身使命、不辱使命，把捍卫国家主权、安全、领土完整，保障国家发展利益和保护人民利益放在高于一切的位置，深入研究新形势下治军特点和规律，全面加强部队建设，抓紧做好军事斗争准备，确保能够有效应对危机、维护和平，遏制战争、打赢战争，努力创造无愧于时代的新业绩。

在前进道路上，我们必须始终把思想政治建设摆在军队各项建设的首位，作为军队的根本性和基础性建设抓紧抓好。高度重视并切实加强思想政治建设，是人民解放军八十年建军治军的宝贵经验，是人民解放军的重要优势。在时代条件深刻变化、社会环境日益复杂、使命任务艰巨繁重的情况下，军队思想政治建设只能加强、不能削弱。加强军队思想政治建设，最根本的是要坚持党对军队的绝对领导、坚持全心全意为人民服务。这两条，决定着人民解放军的性质和方向，关系中国特色社会主义的兴衰成败，必须毫不动摇地坚持、始终不渝地贯彻。坚持党对军队的绝对领导，就要以党的旗帜为旗帜、以党的意志为意志，坚决贯彻党领导人民军队的根本原则和制度，坚决完成党赋予的各项任务。坚持全心全意为人民服务，就是要坚决维护人民利益，永远当人民子弟兵，永远做人民利益忠实捍卫者。要紧紧扭住铸牢军魂、恪守宗旨的根本要求，坚持不懈用马克思主义中国化的最新成果武装全军，大力加强军队党的先进性建设和干部队伍建设，大力弘扬听党指挥、服务人民、英勇善战的优良传统，深入进行军队历史使命、理想信念、战斗精神和社会主义荣辱观教育，更好地把全军官兵的意志和力量凝聚到中国特色社会主义共同理想上来，确保军队建设的正确方向，确保军队有效履行历史使命。

在前进道路上，我们必须主动适应世界军事变革趋势，奋发有为地把中国特色军事变革推向前进。这是提高军队应对多种安全威胁、完成多样化军事任务的能力、有效履行历史使命的必然选择，是逐步缩小与国际先进军事技术水平的差距、实现军队现代化发展的必由之路。要继续实施科技强军战略，按照建设信息化军队、打赢信息化战争的要求，坚持以机械化为基础、以信息化为主导，走机械化信息化复合发展的道路。要把改革创新作为军队建设的根本动力，大力推进军事理论创新、军事技术创新、军事组织创新、军事管理创新。要加快武器装备现代化建设，加紧实施人才战略工程，把军队战斗力生成模式进一步转到依靠科技进步特别是以信息技术为主要标志的高新技术进步上来。要贯彻注重质量效益的要求，优化体系结构，坚持勤俭建军，提高整体效能。要坚持依法治军、从严治军，加强科学管理，不断提高军队正规化建设水平。要加强基层全面建设，打牢部队建设基础。要坚定相信和依靠广大官兵，充分发挥他们的主动精神和创造活力，大力弘扬求真务实、艰苦奋斗的优良作风，以强烈的事业心和责任感推动中国特色军事变革不断迈出新的步伐。

在前进道路上，我们必须发扬光大依靠人民建设军队、建设国防的优良传统，进一步巩固同呼吸、共命运、心连心的军政军民关系。我们的军队是人民的军队，我们的国防是全民的国防。人民离不开军队，军队更离不开人民。军政一致，军民一致，军民鱼水情深、患难与共，是人民军队无往而不胜的重要保证，也是新的历史条件下推进国防和军队现代化建设的重要保证。要坚持全民办国防的方针，广泛开展全民国防教育，完善国防动员体制，加强国防后备力量建设，在全社会形成关心国防、热爱国防、建设国防、保卫国防的生动局面。要推进国防科技工业改革和发展，增强自主创新能力，加快国防科技和武器装备发展。要加强人民武装警察部队建设，更好履行维护国家安全和社会稳定、保障人民安居乐业的职责使命。各级党委和政府要关心支持军队建设，积极配合军队搞好兵役制度改革、军人转业退伍安置制度改革、后勤保障社会化等工作，积极推进经济、科技、教育、人才等各个领域军民融合，积极做好拥军优属等各项优抚工作。人民解放军要大力发扬拥政爱民的光荣传统，热爱人民群众，尊重地方政府，积极支持地方经济社会发展，继续在社会主义精神文明建设中走在前列，在构建社会主义和谐社会中贡献力量，以实际行动为民造福、为国兴利。要进一步巩固军政军民团结，巩固和发展军爱民、民拥军的生动局面。

建设与国家安全和发展利益相适应的巩固国防和强大军队[*]

（二〇〇七年十二月二十八日）

胡　锦　涛

党的十七大科学回答了党在改革发展关键阶段举什么旗、走什么路、以什么样的精神状态、朝着什么样的发展目标继续前进等重大问题，为我们夺取全面建设小康社会新胜利、开创中国特色社会主义事业新局面指明了前进方向。人民军队的建设和发展，历来同党的事业发展紧密相连，是为实现党的政治任务和奋斗目标服务的。在新的历史起点上继续发展中国特色社会主义，对加强国防和军队建设提出了新要求。我们要高举中国特色社会主义伟大旗帜，以邓小平理论和"三个代表"重要思想为指导，深入贯彻落实科学发展观，进一步解放思想，锐意进取，埋头苦干，扎实工作，把党的十七大提出的国防和军队建设各项任务落到实处，努力提高军

---

* 这是胡锦涛同志在中央军委扩大会议上讲话的一部分。

队全面履行新世纪新阶段历史使命的能力。

（一）着眼国家安全和发展战略全局，深刻认识国防和军队建设的重要地位。

党的十七大从坚持和发展中国特色社会主义的高度出发，总揽国家安全和发展战略全局，鲜明地提出，国防和军队建设在中国特色社会主义事业总体布局中占有重要地位。这一重要论断，进一步明确了国防和军队建设在新的时代条件下的战略定位，深刻揭示了加强国防和军队建设对于坚持和发展中国特色社会主义的重大意义。

中国特色社会主义，是我们党从我国国情和新的时代条件出发开拓和发展的。坚持和发展中国特色社会主义，既要继续科学分析和深刻把握我国基本国情和当前发展的阶段性特征，也要继续科学分析和深刻把握当今世界时代条件的发展变化。冷战结束以后，特别是进入新世纪以来，国际局势发生了极其深刻的变化，世界处在大变革大调整之中，时代条件呈现出一系列新的特征。和平与发展仍然是时代主题，求和平、谋发展、促合作成为不可阻挡的时代潮流，制约战争、牵制霸权的力量不断增长，同时世界仍然很不安宁，霸权主义和强权政治、单边主义对世界和平与发展构成严重威胁，局部战争和武装冲突此起彼伏，传统安全威胁和非传统安全威胁相互交织，国际政治、安全等领域引发新的矛盾和冲突的因素增多，人类面临的共同挑战增多；世界多极化进程不可逆转，新兴国际力量迅速崛起，发展中国家整体力量持续上升，大国之间既合作又竞争、既借重又制衡，冷战结束后一段时期国际力量对比严重失衡的局面正在改变，同时国际社会仍然面临着单极与多极、称霸与反称霸的复杂斗争；经济全球化深入发展，科技革命日新月异，全球工业化、信息化进程加快，全球贸易和投资规模持续增长，国际分工体系和经济增长中心深刻变动，全球和区域合作方兴未艾，各国经济紧密联系、相互依存，同时全球经济和科技发展失衡更加严重，南北差距不断拉大，数字鸿沟加深，贸易保护主义和投资保护主义加剧，世界经济发展不确定不稳定因素增加；在世界多极化、经济全球化推动下，文明对话和文化交流势头加强，文化因素在国际社会的影响力增强，同时各种思想文化相互激荡，一些西方国家凭借政治、经济甚至军事手段加紧进行文化渗透和扩张，保持和发展世界文明的多样性面临新的挑战；在激烈的综合国力竞争中，各国普遍重视增强经济、科技实力，裁减军队员额成为世界性潮流，同时各主要国家纷纷加大国防投入，积极推进新军事变革，加紧安全战略和军事战略调整，争夺和维护战略资源、战略要地和战略主导权，军事安全因素上升；经过自我改革和完善，社会主义制度和思想理论在中国大地焕发出新的生机和活力，同时一些西方国家打着各种旗号推销其资本主义社会制度和价值观念，两种社会制度和两种意识形态的斗争依然尖锐复杂。

面对时代条件的新变化，在国际上，我们高举和平、发展、合作的旗帜，坚持走和平发展道路，坚持互利共赢的开放战略，推动建设持久和平、共同繁荣的和谐世界；在国内，我们坚持走中国特色社会主义道路，继续解放思想，坚持改革开放，推动科学发展，促进社会和谐，国家呈现繁荣发展、安定团结的良好局面。我国正处在发展的重要战略机遇期。经过二十九年改革开放，我国同世界的关系发生了历史性变化，在经济、政治、科技、文化、安全等方面同国际社会形成了前所未有的密切联系，我国在国际社会的影响力不断增大，同时国内因素与国际因素相互关联、相互作用更加紧密，我国的安全和发展也越来越受国际因素的影响。我国安全问题的综合性、复杂性、多变性进一步增强。作为一个发展中社会主义大国，我国将长期面对发达国家在经济科技军事等方面占优势的压力，将长期面对西方敌对势力对我国实施西化、分化战略的压力。"台独"分裂势力以及"藏独"、"东突"等民族分裂势力及其活动，对国家主权、统一和安全构成严重威胁。我国周边的地缘战略竞争错综复杂，领土主权争端、能源资源争执和发展空间竞争以及民族、宗教矛盾等因素重叠交织。随着国家利益的拓展，能源安全、战略通道安全、海外市场安全、海外资产和海外人员安全等事关国家发展安全的问题日益突出。因生态、环境等问题引发的安全问题也逐步显现。我国处于社会矛盾多发期，境内外敌对势力加紧进行渗透破坏，国内政治安全和社会稳定面临诸多挑战。

总之，我们在前进道路上既面临重要战略机遇，也面临许多现实的和潜在的风险和挑战。我们一定要头脑清醒，居安思危，进一步增强忧患意识，认真应对挑战，着力化解风险，坚决防范和遏制各种不稳定不安全因素的干扰和破坏，积极营造有利于坚持和发展中国特色社会主义的国际国内安全和发展环境。坚持和发展中国特色社会主义，客观上要求国家战略能力特别是军事能力有一个新的重大发展。国防和军队建设直接关系中国特色社会主义的兴衰成败。我们必须努力建设与国家国际地位相称、与国家安全和发展利益相适应的巩固国防和强大军队，坚决维护国家主权、安全、领土完整，为坚持和发展中国特色社会主义提供重要力量支撑和坚强安全保证，为维护世界和平贡献力量。

（二）统筹经济建设和国防建设，在全面建设小康社会进程中实现富国和强军的统一。

党的十七大着眼实现建设富强民主文明和谐的社会主义现代化国家总目标，明确提出要在全面建设小康社会进程中实现富国和强军的统一。这是我们党总结我国社会主义现代化建设实践，借鉴国外发展经验，适应新的发展要求提出的重大战略思想，凝结着党的三代中央领导集体和十六大以来的党中央为探索社会主义现代化建设规律付出的智慧和心血，是我们党领导社会主义现代化建设在理论上和实践上更加成熟的重要体现。富国和强军，是发展中国特色社会主义、实现中华民族伟大复兴的两大基石。统筹国家资源，兼顾富国和强军，是贯彻落实科学发展观的必然要求。在全面建设小康社会进程中，通过推进国家经济社会发展，为国防和军队现代化建设提供更加充裕的物质和技术条件；通过加强国防和军队现代化建设，为国家发展提供更加坚强的安全保障和战略支撑，将富国和强军统一于发展中国特色社会主义，这对于维护国家安全和发展战略全局，对于实现中华民族根本利益，具有重大而深远的意义。

国防和军队现代化是一个长期的历史过程。我国仍处于并将长期处于社会主义初级阶段，人民日益增长的物质文化需要同落后的社会生产之间的矛盾仍是我国社会的主要矛盾。国防和军队现代化建设必须与经济社会发展实际相适应，不能急于求成。按照国防和军队现代化建设"三步走"发展战略构想，我们的目标是在本世纪中叶实现国防和军队的现代化。在全面建设小康社会进程中，国防和军队现代化建设的主要任务，是基本实现军队的机械化，使信息化建设取得重大进展。我们要积极应对世界新军事变革的挑战，努力缩小与世界军事大国在军事发展上的差距，但不能采取全面赶超世界军事大国的做法。我们不与任何国家搞军备竞赛，那样做不仅无益，而且有害。必须从我国基本国情和当前发展的阶段性特征出发，依据国家安全需求和经济社会发展水平，继续按照"三步走"发展战略的既定部署，有计划有步骤地推进国防和军队现代化建设。要坚持突出重点，分清主次，有所为有所不为，在最关键的领域努力实现跨越式发展。坚持勤俭建军，使有限的国防资源发挥出最大效益。

实现富国和强军的统一，关键是统筹好经济建设和国防建设。我们要结合新的形势任务，在总结过去经验的基础上，进一步探索经济建设和国防建设关系的内在规律。要认真贯彻落实科学发展观，坚持以经济建设为中心，坚持经济建设和国防建设协调发展方针，在经济发展基础上大力加强国防建设，实现经济实力和国防实力同步发展。要通过积极主动的战略筹划，把国防建设有机融入经济社会发展体系之中，使经济建设和国防建设相互促进、融为一体，努力形成经济建设和国防建设协调发展的科学机制。要把我国社会主义制度能够集中力量办大事的政治优势和市场在资源配置中的基础性作用结合起来，既充分利用经济社会发展成果推进国防和军队现代化建设，又积极发挥国防和军队现代化建设对经济社会发展的重要拉动作用。

（三）按照全面履行新世纪新阶段军队历史使命的要求，提高军队应对多种安全威胁、完成多样化军事任务的能力。

新世纪新阶段军队历史使命，是对军队在新世纪新阶段所担负的基本任务的总概括，规定着军队建设的发展方向、奋斗目标和指导原则。按照新世纪新阶段军队历史使命的要求，我军既要应对传统安全威胁，又要应对非传统安全威胁；既要维护国家生存利益，又要维护国家发展利益；既要维护领土、领海、领空安全，又要维护海洋、太空、电磁空间安全以及其他方面的国家安全；既要维护国内安全稳定，又要积极参与国际和地区安全合作、联合国维和、国际反恐、国际人道主义救援等，为维护世界和平贡献力量。新的使命决定了我军必须具备应对多种安全威胁、完成多样化军事任务的能力。应当指出的是，我军要应对多种安全威胁，首要的是应对国家被侵略、被颠覆、被分裂的威胁；我军要承担多样化军事任务，首要的是打赢信息化条件下局部战争。我们一定要科学分析和判断国家安全面临的威胁，全面准确理解和把握军队担负的军事任务，以此牵引军事能力建设。

当前和今后一个较长时期，我军建设的主要矛盾仍然是现代化水平与打赢信息化条件下局部战争的要求不相适应，军事能力与履行新世纪新阶段我军历史使命的要求不相适应。要解决这"两个不相适应"的主要矛盾，我军必须以增强打赢信息化条件下局部战争的能力为核心，不断提高应对多种安全威胁、完成多样化军事任务的能力。只有具备了打赢信息化条件下局部战争这一核心军事能力，完成其他军事任务才能有充分的能力基础。我们要始终瞄着这个基点搞建设，不断深化中国特色军事变革，加快机械化和信息化复合发展，大力发展高新技术武器装备，加紧实施人才战略工程，积极推进机械化条件下军事训练向信息化条件下军事训练转变，切实转变战斗力生成模式，着力增强我军打赢信息化条件下局部战争的能力。

随着国家利益的拓展和非传统安全威胁的上升，非战争军事行动日益成为国家军事力量运用的重要方式，并对做好战争准备、提升军队作战能力具有重要而特殊的作用。我们在增强打赢信息化条件下局部战争能力的同时，还要重视提高非战争军事行动能力。非战争军事行动能力以打赢信息化条件下局部战争能力为基础，但也有着自身的特殊要求，需要进行专门的训练和其他相关准备。要把非战争军事行动能力建设放在军队现代化和军事斗争准备全局中加以科学筹划和实施，抓好针对性训练、专业人才培养、装备保障以及健全相关法律法规等方面的工作，努力使我军非战争军事行动能力得到明显提高。

（四）坚持用中国特色社会主义理论体系武装全军，推动国防和军队建设科学发展。

包括邓小平理论、"三个代表"重要思想以及科学发展观等重大战略思想在内的中国特色社会主义理论体系，坚持和发展了马克思列宁主义、毛泽东思想，是马克思主义中国化最新成果，是全国各族人民团结奋斗的共同思想基础。在当代中国，坚持中国特色社会主义理论体系，就是真正坚持马克思主义。高度重视并切实抓好用中国特色社会主义理论体系武装全军的工作，是深入学习贯彻党的十七大精神的核心要求，是当前和今后一个时期军队思想政治建设的一项重大战略任务，是顺利实现党的十七大提出的国防和军队建设目标和任务的重要保证。

在国际国内环境发生复杂深刻变化、军事任务更加繁重、官兵思想观念和价值追求趋于多样的形势下，要坚持用中国特色社会主义理论体系统领全军官兵的思想和行动，打牢高举旗帜、听党指挥、履行使命的思想政治基础，把军心凝聚在中国特色社会主义伟大旗帜下，确保军队建设坚定正确的政治方向。要坚持用中国特色社会主义理论体系指导构建当代革命军人核心价值观，大力加强思想政治教育，创新发展先进军事文化，不断增强广大官兵的军魂意识、宗旨意识和使命意识，使我军听党指挥、服务人民、英勇善战的优良传统一代代传承下去。要坚持把中国特色社会主义理论体系作为指导国防和军队建设的有力思想武器，切实掌握蕴含其中的辩证唯物主义和历史唯物主义世界观、方法论，提高运用马克思主义立场、观点、方法分析解决实际问题的能力。要特别注重通过中国特色社会主义理论体系的武装，加强军队各级党组织的能力建设和先进性建设，加强军队干部队伍建设，不断增强各级党组织的创造力、凝聚力、战斗力，充分发挥各级领导干部在推进中国特色军事变革和军事斗争准备中的模范带头作用。

坚持用中国特色社会主义理论体系武装全军，必须始终坚持解放思想、实事求是、与时俱进，始终保持奋发进取的良好精神状态。当前，我国国防和军队建设处于发展的关键时期，军事实践丰富而生动。必须毫不动摇坚持以毛泽东军事思想、邓小平新时期军队建设思想、江泽民国防和军队建设思想为指导，把科学发展观作为国防和军队建设的重要指导方针，深入研究国防和军队建设中出现的新情况新问题，不断总结经验、揭示规律，以改革创新精神推动军事、政治、后勤、装备建设和以军事斗争准备为龙头的各项工作，进一步繁荣和发展军事科学，努力开创国防和军队现代化建设新局面。

培育当代革命军人核心价值观[*]

（二〇〇八年十二月二十四日）

胡 锦 涛

　　思想政治建设是我军的根本性建设。注重从思想上政治上建设部队，是我们党建军治军的光荣传统和宝贵经验。这些年来，我们始终把思想政治建设摆在各项建设的首位。坚强有力的思想政治建设保证了部队建设的正确政治方向和各项任务的胜利完成。当前，国际国内形势变化和军队使命任务拓展都对思想政治建设提出了新的更高要求。我们要从时代高度审视思想政治建设，以创新精神推动思想政治建设，努力把我军思想政治建设提高到一个新水平。

　　第一，充分认清思想政治领域新形势，正确把握军队思想政治建设的时代课题。当今世界处在大变革大调整之中，国际政治和思想文化领域斗争更加激烈。今年以来我们在各方面取得的一系列重大胜利，极大振奋了民族精神，全党全军全国各族人民团结奋斗的共同思想

---

　　* 这是胡锦涛同志在中央军委扩大会议上讲话的一部分。

基础进一步巩固。但是，也要看到，国际反华势力加紧对我国实施西化、分化战略，各种敌对势力加紧在意识形态领域对我国进行渗透破坏活动。军队历来是敌对势力渗透破坏的重点目标，他们借"民主政治"之名极力鼓吹"军队非党化、非政治化"和"军队国家化"，千方百计拉拢腐蚀军队人员，妄图改变我军性质。对这方面的动向，我们一定要保持高度警觉。改革开放三十年来，我国经济社会发展活力显著增强，社会主义先进文化不断发展。与此同时，随着经济社会深刻变革和对外开放不断扩大，社会思想空前活跃，各种思想文化相互激荡，国际国内思想舆论互动性增强，传导途径日益拓宽，传播速度不断加快。在这样的情况下，社会上一些错误的落后的东西不可避免会渗透到军队中来，对官兵思想道德产生影响和侵蚀。对这方面的问题，我们决不可掉以轻心。从部队思想政治建设现状看，一些党组织和领导干部思想、作风、能力素质与部队建设科学发展要求还不相适应，与履行新世纪新阶段军队历史使命的要求还不相适应，一些党员干部在党性党风党纪方面也还存在不少问题。我们一定要深刻认识意识形态领域新特点新动向，准确把握思想政治建设面临的新任务新要求，进一步拓宽思想政治建设视野，深入研究新的历史条件下思想政治建设特点和规律，把思想政治建设抓得更加扎实有效，从思想上政治上组织上确保我军始终成为党绝对领导下的人民军队，确保国防和军队建设科学发展，确保有效履行新世纪新阶段我军历史使命。这"三个确保"，是新世纪新阶段军队思想政治建设必须着力解决的时代课题。要正确把握思想政治建设的时代课题，必须把坚持党对军队绝对领导的根本原则和人民军队的根本宗旨作为思想政治建设的根本出发点，始终保持我军坚定正确的政治方向；必须坚持把科学发展观作为国防和军队建设的重要指导方针，努力提高国防和军队建设科学发展水平；必须紧紧围绕有效履行新世纪新阶段我军历史使命加强思想政治建设，为我军履行使命提供可靠政治保证、强大精神动力、有力人才支持，努力使思想政治建设适应新形势、实现新发展。

第二，坚持以中国特色社会主义理论体系为指导，着力增强思想政治建设的科学性。我军思想政治建设的一系列方针原则都是建立在马克思主义科学理论基础之上的，是随着马克思主义中国化进程而不断丰富发展的。党的理论创新每推进一步，思想政治建设就要跟进一步。在新形势下，我军思想政治建设要取得新的进步和新的发展，必须以马克思主义中国化最新成果为指导，把中国特色社会主义理论体系的根本立场、基本观点、科学方法贯穿于思想政治建设实践，坚持紧抓用中国特色社会主义理论体系武装全军这一思想政治建设的首要任务不放，组织官兵深入学习邓小平理论、"三个代表"重要思想以及科学发展观等重大战略思想，积极开展中国特色社会主义理论体系宣传普及活动，切实打牢官兵高举旗帜、听党指挥、履行使命的思想政治基础。目前全军正在开展的深入学习实践科学发展观活动，是用中国特色社会主义理论体系武装全军的重大战略举措，是一次深刻的马克思主义集中教育活动。要准确把握党中央和中央军委精神和部署，围绕党员干部受教育、科学发展上水平、履行使命见成效的总要求，把提高认识、更新观念贯穿始终，把突出实践特色、着力解决问题贯穿始终，努力取得扎实的认识成果、实践成果、制度建设成果，使开展学习实践活动的过程成为全面加强军队党的建设的过程，成为推动部队建设科学发展的过程，成为促进各项重大任务完成的过程，把全军学习实践活动搞得更加扎实、富有成效。要把学习实践活动同贯彻中央经济工作会议精神结合起来，围绕全党全国工作大局，坚定科学发展信心，着眼维护国家安全和发展利益，努力为有效应对国际金融危机冲击、促进我国经济平稳较快发展、维护社会和谐稳定作出积极贡献。要联系我国改革开放三十年来的光辉历程，深刻认识改革开放的伟大意义、巨大成就、宝贵经验、前进方向，进一步增强坚持改革开放的坚定性和自觉性，进一步增强坚持中国特色社会主义道路和中国特色社会主义理论体系的坚定性和自觉性。要通过深入学习实践科学发展观，丰富思想政治建设理论和实践，改进思想政治建设内容和方法，完善思想政治建设制度机制，使思想政治建设更好体现科学发展观要求。

第三，围绕强化官兵精神支柱，大力培育当代革命军人核心价值观。军人核心价值观对军人思想道德和行为方式起着主导作用。我军作为一支新型人民军队，从创建之初就确立了体现我军性质和宗旨的革命军人核心价值观，这是我军战斗力的重要源泉，是我们必须十分珍视的政治优势。在新的历史条件下，坚持我军在长期实践中形成的革命军人核心价值观，并赋予新的时代内涵，着力培育当代革命军人核心价值观，这是建设社会主义核心价值体系的重要方面，是发展先进军事文化的现实需要，是履行新世纪新阶段我军历史使命的必然要求，必须作为思想政治建设的重要基础工程抓紧抓好，使我军听党指挥、服务人民、英勇善战的优良传统得到传承和发扬，为官兵全面发展和履行使命提供强大精神力量。

总结全军深入研究和探索实践成果，联系军队建设实际，概括起来说，当代革命军人核心价值观集中体现为"忠诚于党，热爱人民，报效国家，献身使命，崇尚荣誉"。忠诚于党，就是要自觉坚持党对军队的绝对领导，高举中国特色社会主义伟大旗帜，坚定中国特色社会主义理想信念，任何时候任何情况下都坚决听党指挥。热爱人民，就是要忠实践行全心全意为人民服务的根本宗旨，视人民利益高于一切、重于一切，永葆人民子弟兵政治本色，与人民群众心连心、同呼吸、共命运，为人民无私奉献。报效国家，就是要大力弘扬爱国主义精神，把个人的前途命运与国家的前途命运紧密联系在一起，坚决捍卫国家主权、安全、领土完整和人民民主专政的国家政权，为建设富强民主文明和谐的社会主义现代化国家贡献力量。献身使命，就是要履行革命军人神圣职责，爱军精武，爱岗敬业，不怕牺牲，英勇善战，坚决履行好党和人民赋予的新世纪新阶段军队历史使命。崇尚荣誉，就是要自觉珍惜和维护国家、军队、军人的荣誉，视荣誉重于生命，自觉践行社会主义荣辱观，弘扬革命英雄主义和集体主义精神，提高素质、全面发展，争创一流、建功立业，贞守革命气节，严守军队纪律。以上五个方面是相互联系的整体，是反映我军官兵同党、人民、国家、军队的关系以及我军官兵相互关系最基本最核心的价值观念，体现了我军优良传统、时代发展要求、官兵价值追求的统一，我们必须全面准确理解和把握，并大力加以倡导和培育。要坚持不懈用当代革命军人核心价值观引领官兵的思想和行为，引导官兵始终保持政治坚定和思想道德纯洁，真正做到打得赢、不变质。要把培育当代革命军人核心价值观融入部队建设方方面面，抓好思想教育、舆论引导、文化熏陶、典型示范、实践养成、制度保障，使当代革命军人核心价值观为官兵普遍理解认同、自觉培养践行。

第四，坚持紧贴时代发展、紧贴使命任务、紧贴官兵实际，切实改进创新思想政治工作。近年来，全军在改进创新思想政治工作方面作了很大努力，取得了重要进步，特别是在今年执行重大任务中，各级党委和政治机关紧密联系形势任务要求和部队官兵实际，把强有力的思想政治工作贯穿始终，创造了许多新鲜经验和有效做法，我们要总结好、运用好这些经验做法，继续大胆探索和实践，不断为我军思想政治工作注入新的生机活力。

现在，我们所处的社会环境和所面临的时代条件发生了深刻变化，特别是社会开放程度不断提高，信息技术快速发展，互联网等新兴媒体广泛运用，各种信息对广大官兵思想和行为影响不可低估。我们必须适应时代发展新特点和广大官兵新要求，不断赋予思想政治工作优良传统以新的时代内涵，使思想政治工作更加富有时代感和影响力。思想政治工作要紧紧围绕部队中心工作和履行使命任务的需要来进行。要把思想政治工作贯穿到巩固和提高部队战斗力、完成多样化军事任务的具体实践中，适应信息化条件下部队建设、作战、遂行非战争军事行动任务的特点要求，强化服务保证功能，提高思想政治工作质量和实效。思想政治工作说到底是做人的工作，要坚持以人为本的理念，紧密联系官兵思想实际和工作实际，遵循官兵成长发展规律，把官兵思想行为特点和合理需求作为做好工作的重要依据，把官兵关心关注的问题作为推进工作的切入点，增强主动性、针对性、实效性。要把灌输式教育和启发式教育结合起来，把严格要求、严格管理和帮助官兵解决实际问题结合起来，用官兵喜闻乐见的形式和手段开展工作。要紧密结合国际国内形势发展变化，及时进行形势政策教育，引导官兵正确认识形势，正确理解党和国家方针政策，把思想认识统一到中央精神上来，确保广大官兵始终在思想上政治上行动上同党中央保持高度一致。各级党委和政治机关要紧紧围绕"三个紧贴"，不断加强对思想政治工作新情况新特点的研究，不断创新思想政治工作内容、方式、方法、手段、机制，不断提高广大政治干部能力素质，不断改进政治工作指导方式和工作作风，使思想政治工作始终与时代发展同步伐、与使命任务要求相适应、与官兵思想实际相符合。

军队党的建设的新要求*

（二〇〇九年十二月二十五日）

胡　锦　涛

军队党的建设是军队全部工作的基础和关键。世情、国情、党情和军情的深刻变化，对军队党的建设提出了新的要求。在新形势下，我们要推动军队建设和军事斗争准备科学发展，经受住各种风险和挑战考验，圆满完成党和人民赋予的使命任务，在全面建设小康社会进程中实现富国和强军的统一，必须更加重视抓好军队党的建设。要深入贯彻党的十七届四中全会精神和军委部署，紧密联系部队实际，切实加强和改进新形势下军队党的建设，全面推进军队党的思想建设、组织建设、作风建设、制度建设和反腐倡廉建设，提高党的建设科学化水平，增强党组织创造力、凝聚力、战斗力，真正把党的政治优势和组织优势转化为推动军队建设科学发展的强大力量。

第一，坚持把保证党对军队绝对领导作为军队党的

＊　这是胡锦涛同志在中央军委扩大会议上讲话的一部分。

建设的根本任务。党对军队的绝对领导，是我军建军的根本原则和永远不变的军魂，是我国的基本军事制度和中国特色社会主义政治制度的重要组成部分，是党和国家的重要政治优势。始终不渝坚持党对军队的绝对领导，关系人民军队性质和宗旨，关系党执政地位的巩固和执政能力的提高，关系国家长治久安。在这个根本政治原则问题上，我们必须头脑特别清醒、态度特别鲜明、行动特别坚决。要坚持以党的旗帜为旗帜，以党的意志为意志，自觉用中国特色社会主义理论体系武装头脑，大力培育当代革命军人核心价值观，坚决抵制"军队非党化、非政治化"和"军队国家化"等错误政治观点，不断强化军魂意识，始终做到坚定不移听党的话、跟党走。要毫不动摇坚持党对军队绝对领导的根本原则和制度，把党对军队绝对领导贯彻到军队建设发展各领域，贯彻到部队完成各项任务全过程，确保党指挥枪的原则落到实处。要严格党的政治纪律和组织纪律，坚决贯彻执行党的理论和路线方针政策，坚决听从党中央和中央军委指挥，确保党从思想上政治上组织上牢牢掌握部队，确保政令军令畅通和部队高度集中统一。

第二，坚持把推进军队建设科学发展、提高履行使命任务能力作为军队党的建设的出发点和落脚点。推进党的建设新的伟大工程，根本意义在于把党领导的中国特色社会主义伟大事业推向前进。只有按照党的基本路线、围绕党的中心任务加强党的建设，党的建设才能始终充满生机活力，才能为实现党的奋斗目标提供根本保证。军队党的建设各项工作，都要紧紧围绕中心任务来展开，贯穿到军事、政治、后勤、装备各项建设中，融入到以军事斗争准备为龙头的各项工作中，为推动军队建设科学发展、有效履行历史使命提供坚强保证。当前，军队使命不断拓展，军队建设和军事斗争准备任务更加繁重。各级党组织要充分发挥领导核心和战斗堡垒作用，把好政治方向，抓好思想教育，搞好科学统筹，确保中心任务完成和各项工作有效落实。广大党员、干部要充分发挥先锋模范作用、骨干带头作用，做到一个党员一面旗帜、一名干部一支标杆，形成良好带动和示范效应。要坚持用战斗力标准和部队全面建设成果检验党的建设，进一步完善围绕中心抓党建的工作机制，使党的建设和部队完成中心任务相互推动、相互促进。

第三，坚持把建设坚强的党委班子和高素质干部队伍作为军队党的建设的关键环节。各级党委是部队统一领导和团结的核心，干部队伍是部队建设的中坚和骨干。建设坚强党委班子和高素质干部队伍，对于推动部队建设又好又快发展具有决定性意义。建设马克思主义学习型政党，是党的十七届四中全会提出的一项战略任务。现在，世界新军事变革加速发展，我军现代化步伐不断加快，部队建设新情况新问题大量涌现，我们不懂、不会、不适应的东西很多。对于各级领导干部来说，加强学习既是提高本领的迫切需要，也是一种政治责任，必须乐于学习、勤于学习、善于学习，必须带头向书本学习、向实践学习、向官兵学习，发扬理论联系实际的学风，不断提高领导部队建设科学发展和带领部队完成各项任务能力。要坚持党委统一的集体领导下的首长分工负责制，认真贯彻民主集中制，一切重大问题由党委集体讨论决定，提高科学决策、民主决策、依法决策水平。加强党委班子和干部队伍建设，一个十分重要的问题是选好人用好人，保证枪杆子始终掌握在忠于党的人手里。要坚持党管干部原则，全面贯彻干部队伍"四化"方针，坚持德才兼备、以德为先的用人标准，进一步健全干部选拔任用机制，增强选人用人科学性、准确性和公信度，真正把那些政治上靠得住、工作上有本事、作风上过得硬、广大官兵信得过的干部选拔上来。要抓紧做好优秀年轻干部培养选拔工作，注重年轻干部实践锻炼，使更多优秀年轻干部脱颖而出。要坚持"老中青"结合，合理使用各年龄段优秀干部，充分调动广大干部积极性。党的基层组织是党全部工作和战斗力的基础。要深入贯彻《军队基层建设纲要》，大力加强基层党组织建设，坚持用党的创新理论建连育人，促进基层建设全面进步和官兵全面发展。

第四，坚持把加强党性修养、弘扬优良作风作为军队党的建设的重要课题。加强党性修养、弘扬优良作风是每个共产党员的终身任务。近年来，我们在这方面下了很大气力，成效是明显的，但要看到，一些党员干部在党性和作风上还存在不少问题。比如，有的宗旨意识不强，患得患失，个人主义严重；有的搞形式主义、官僚主义，作风飘浮，工作不实；有的艰苦奋斗意识淡化，讲排场、比阔气，贪图享乐、奢侈浪费；有的缺乏原则性，怕得罪人、怕丢选票，遇到矛盾绕道走；有的组织纪律观念淡薄，有令不行、有禁不止。这些问题，严重损害党的形象和部队凝聚力战斗力，必须下决心加以纠治。要加强党内生活锻炼，着力教育引导党员干部增强党性观念，时刻牢记全心全意为人民服务的宗旨，牢记党组织的信任和官兵的期望，讲党性、重品行、作表率，以坚强的党性、过硬的作风、良好的形象影响和带动部队。要着力解决官兵反映强烈的突出问题，特别是对涉及官兵切身利益、影响部队风气的问题要进行集中整治，务求见到实效，让广大官兵真正看到领导干部和领导机关改进作风的新气象新变化。要着力加强高中级干部教育管理，认真贯彻党要管党、从严治党的方针，增强党内生活原则性和实效性，严格落实党风廉政建设各项规定，加强对权力运行的制约和监督。高中级干部要坚定革命理想，振奋革命精神，大兴密切联系群众之风，大兴求真务实之风，大兴艰苦奋斗之风，大兴批评和自我批评之风，永葆共产党人政治本色和浩然正气，无愧于党和人民重托。

转变战斗力生成模式[*]

（二〇一〇年十二月二十六日）

胡　锦　涛

　　"十二五"时期是实现国防和军队现代化建设"三步走"发展战略第二步目标的重要时期，也是切实做好军事斗争准备、推进国防和军队改革的关键时期。全军和武警部队要高举中国特色社会主义伟大旗帜，以邓小平理论和"三个代表"重要思想为指导，深入贯彻落实科学发展观，以推动国防和军队建设科学发展为主题，以加快转变战斗力生成模式为主线，更加注重从思想上政治上建设部队，更加注重拓展和深化军事斗争准备，更加注重改革创新，更加注重依法治军、从严治军，更加注重提高军队建设质量和效益，不断增强有效履行新世纪新阶段我军历史使命能力，为全面建设小康社会提供重要力量支撑和坚强安全保障。

　　加快转变战斗力生成模式是关系国防和军队建设全局的重大战略任务，是解决我军建设"两个不相适应"

---

　　* 这是胡锦涛同志在中央军委扩大会议上讲话的一部分。

主要矛盾的内在要求，是推动国防和军队建设科学发展的必由之路。我们要切实增强加快转变战斗力生成模式的主动性和责任感、紧迫感，把加快转变战斗力生成模式作为"十二五"时期国防和军队发展的主线，贯穿军队建设改革和军事斗争准备全过程和各领域，把战斗力生成模式切实转到以信息为主导、以新型作战力量建设为增长点、提高基于信息系统的体系作战能力上来，转到依靠科技进步、官兵素质提高、管理创新上来，转到走军民融合式发展路子上来，在新的起点上推动国防和军队现代化建设又好又快发展。

第一，坚持把拓展和深化军事斗争准备作为龙头。拓展和深化军事斗争准备，是中央军委根据我国安全形势发展变化提出的长期战略任务，为加快转变战斗力生成模式提供了需求和抓手。我们必须坚持军事斗争准备龙头地位不动摇，坚持扭住核心军事能力建设不动摇，在拓展和深化军事斗争准备进程中加快战斗力生成模式转变，以加快战斗力生成模式转变促进军事斗争准备水平的提高。

要从战略高度关注和加强日常战备工作，完善战备值班执勤体系，健全战备工作法规制度，切实提高日常战备水平和处置突发情况能力。要科学安排和抓好遂行非战争军事行动任务准备。武警部队要全面提高遂行以执勤处突为中心的多样化任务能力，切实肩负起维护国家安全和社会稳定、保障人民安居乐业的职责。军事训练是拓展和深化军事斗争准备的重要方面，是生成提高战斗力的基本途径。要从难从严从实战需要出发训练部队，加强技战术基础训练和使命课题训练，重视以复杂电磁环境为重点的复杂战场环境下训练，强化综合运用指挥信息系统的指挥训练，突出作战单元合成训练、作战要素集成训练、全系统全要素联合训练，不断提高各级指挥员组织指挥能力和部队遂行使命任务能力。

第二，坚持把全面提高军队信息化水平作为发展方向。从根本上讲，转变战斗力生成模式，就是要按照建设信息化军队、打赢信息化战争的战略目标，推进我军由机械化半机械化向信息化转变，使信息化成为军队战斗力的倍增器，充分发挥信息能力在战斗力生成中的主导作用。我们要准确把握信息化建设的历史方位，推动信息化建设全面协调发展。当今世界科技进步日新月异，信息技术发展正在孕育新的重大突破，信息技术应用呈现前所未有的广度和深度。我们必须把握科技发展趋势，坚持把自主创新作为战略基点，突破制约信息化建设的核心关键技术，充分发挥科技进步对加快转变战斗力生成模式的重要作用。要加快武器装备更新换代步伐，推进机械化信息化复合发展和有机融合。

第三，坚持把提高基于信息系统的体系作战能力作为出发点和落脚点。提高基于信息系统的体系作战能力，体现了信息化条件下战斗力建设的客观规律，为加快转变战斗力生成模式明确了目标。军事、政治、后勤、装备各领域建设都要向提高基于信息系统的体系作战能力聚焦，坚持用是否有利于提高基于信息系统的体系作战能力来衡量和检验各项建设成效，着力解决影响体系作战能力建设的突出矛盾和问题。加强体系作战能力建设是一个复杂的系统工程，涉及军队各个层级各个领域，必须遵循体系建设规律，以总体筹划设计引领分级分类建设，正确处理当前建设和长远发展、各级各部门建设和全军体系建设的关系，切实走开从系统到要素再到系统的路子。必须适应战争形态和作战方式变化，紧贴作战任务，有计划分步骤加以推进，逐步构建我军信息化条件下联合作战体系。

第四，坚持把发展新型作战力量作为战略重点。新型作战力量代表着军事技术和作战方式的发展趋势，是提升军队整体作战能力、引领军事发展的重要力量，在国际军事竞争和现代战争中具有举足轻重的作用。从一定意义上讲，发展新型作战力量关乎国家安全战略全局，影响和决定着军队未来。我们必须把新型作战力量建设作为战略重点突出出来，抓住历史机遇，加大工作力度，着力培育军队战斗力新的增长点。要加强总体论证和体系设计，强化作战需求牵引，增强建设实效性和适用性。

第五，坚持把深入推进军民融合式发展作为重要途径。实行军民融合式发展，是转变战斗力生成模式必须走开的一条发展路子。"十二五"时期，国家加快转变经济发展方式，工业化、信息化、城镇化、市场化、国际化深入发展，军队大力推进机械化信息化复合发展和有机融合，利用经济社会资源加强国防和军队现代化建设的前景将更加广阔。我们必须站在国家安全和发展战略全局的高度，深入推进军民融合式发展，不断完善融合机制，丰富融合形式，拓展融合范围，提高融合层次，推动经济建设和国防建设协调发展、良性互动，在全面建设小康社会进程中实现富国和强军的统一。

把思想作风建设作为部队风气建设的基础性工作[*]

（二〇一〇年十二月二十六日）

胡 锦 涛

思想作风建设是我党我军特有政治优势。思想作风体现军队性质和宗旨，关系军队形象和战斗力生成发展。全军各级要充分认识加强和改进新形势下思想作风建设的重要性和紧迫性，切实把思想作风建设作为党的作风建设的首要任务，作为党委班子和干部队伍建设的重中之重，作为部队风气建设的基础性工作，下大气力抓紧抓好，不断取得思想作风建设新成效，为推动军队建设科学发展提供有力保证。

一、进一步在打牢思想政治根基上下功夫见成效。

思想作风说到底是思想政治素养，是世界观、人生观、价值观的反映，是理想信念、政治品质、思想道德的体现。加强和改进思想作风建设，必须从思想源头抓

---

* 这是胡锦涛同志在中央军委扩大会议上讲话的一部分。

起，切实把树立和弘扬优良思想作风的根基搞扎实。

当前，国际国内思想舆论互动明显增强，信息传导途径日益增多。社会思想文化越来越多元多样多变，意识形态领域斗争也十分复杂。我们的官兵不是生活在真空里，社会上形形色色思想观念必然会对官兵思想产生这样那样的影响。这就要求我们必须把从思想上政治上建设部队的工作抓得更加扎实有效。要坚持不懈用中国特色社会主义理论体系武装官兵，大力加强意识形态工作，进一步推动学习实践科学发展观向深度和广度发展，增强科学理论武装实效性、说服力、感召力，着力回答解决官兵关心关注的重大理论和实际问题，使全军始终保持思想政治上的清醒和坚定。要始终不渝坚持党对军队绝对领导的根本原则和制度，坚持以党的旗帜为旗帜，以党的意志为意志，坚决贯彻毛泽东军事思想、邓小平新时期军队建设思想、江泽民国防和军队建设思想，始终做到坚定不移听党的话、跟党走，在大是大非问题上站稳正确立场、保持清醒头脑，决不能有半点含糊。要深入持久培育当代革命军人核心价值观，适应官兵思想观念、行为方式、价值取向新特点加强道德建设，大力发展先进军事文化，引导官兵自觉端正价值追求，坚决抵御腐朽思想文化和生活方式侵蚀，始终保持革命军人崇高精神追求和良好道德风尚。要着力提高军队党的建设科学化水平，深入推进学习型党组织建设，持续开展创先争优活动，增强各级党组织创造力、凝聚力、战斗力。要结合纪念中国共产党成立九十周年深入开展我党我军光荣传统教育，组织官兵加强党史军史学习，使我军听党指挥、服务人民、英勇善战的优良传统不断得到传承和发扬。

二、进一步在从严要求、从严治理上下功夫见成效。

加强和改进思想作风建设，既要靠思想教育，又要靠制度和管理。如果要求不严，久而久之，官兵思想作风就会散，革命精神就会消退。

从近年来部队思想作风上暴露出的一些问题看，疏于管理、落实制度和执行纪律不严、党组织软弱涣散是很重要的原因。要坚决贯彻依法治军、从严治军方针，坚持严字当头，通过严制度、严纪律、严管理来培养和保持部队优良思想作风。要严格落实条令条例和规章制度，抓好部队经常性管理教育，不断解决管理松懈、作风松散、纪律松弛问题。要健全完善思想作风建设各项制度，把从严的要求贯穿到思想作风建设各个领域各个环节，促进思想作风建设制度化、经常化。要坚持党管党员、党管干部原则和制度，强化党组织功能，认真贯彻民主集中制，浓厚党内生活的原则空气，坚决反对好人主义，始终把党员、干部置于党组织教育、管理、监督之下。要加强组织纪律性，严肃党的纪律特别是党的政治纪律，坚决维护党中央和中央军委权威，确保政令军令畅通。要强化对权力运行的制约和监督，加强对干部选拔任用、大项经费使用、重大工程建设、对外有偿服务等方面的有效监督，对官兵反映强烈的突出问题和不正之风，对各种违规违纪问题，要敢于较真碰硬、严肃查处。特别需要强调的是，用人问题最能反映作风，也最能影响作风，用人导向是思想作风建设的根本导向。要严格落实干部考评选拔任用制度规定，坚持德才兼备、以德为先的用人标准，把思想作风状况作为考察班子、考核干部的重要内容，坚决抵制和查处跑官要官、买官卖官等恶劣行为。

和平建设时期，一些官兵容易滋生麻痹思想和怠惰之气。作为革命军队，不论什么时候，都必须把激发战斗精神、锻造战斗作风作为思想作风建设的重大课题，做到经常抓、长期抓、反复抓，使部队始终保持旺盛革命热情和高昂战斗意志。要注重在艰苦严格的军事训练和遂行重大任务的实践中锤炼部队思想作风，推动思想作风建设和提高部队战斗力相互融合、相互促进。

三、进一步在转变高中级干部思想作风上下功夫见成效。

高中级干部是军队建设的中坚，其思想作风如何，对部队思想作风具有重要导向作用。加强和改进新形势下思想作风建设，必须突出高中级干部这个重点，坚持自上而下抓，一级抓一级，一级带一级，领导要为部属作好表率，机关要为部队作好表率，军委、总部要为全军作好表率。广大高中级干部要牢记我党我军根本宗旨，自觉讲党性、重品行、作表率，大兴密切联系群众、求真务实、艰苦奋斗、批评和自我批评之风，以过硬的思想作风引导和树立良好的学风、工作作风、领导作风、生活作风，带出部队的好作风、好风气。

从当前推进军队建设改革实际出发，要突出解决党性观念不强、宗旨意识淡薄，作风飘浮、工作不实，思想僵化、因循守旧，贪图享受、奢侈浪费等问题，着力树立公道正派、真抓实干、开拓创新、艰苦奋斗的良好形象，努力营造风清气正环境。要把加强党性修养作为终身课题，坚持立党为公、执政为民，坚持正确的世界观、权力观、事业观，坚持任何时候都把党和人民放在第一位，坚持党性原则，坚持真理，把心思和精力用在部队建设上，自觉摒弃私心杂念，自觉同各种歪风邪气作斗争，始终保持共产党人的浩然正气。要牢固树立科学发展观，端正工作指导思想，坚持理论联系实际，坚持马克思主义群众观点和党的群众路线，注重抓基层、打基础，自觉为基层官兵服务，坚决反对那些追名逐利的短期行为、哗众取宠的表面文章、劳民伤财的"形象工程"，真正做出经得起实践、人民、历史检验的实绩。要坚持解放思想、实事求是、与时俱进，弘扬求真务实精神，勇于冲破主观主义和形而上学思维方式的束缚，坚决破除一切妨碍科学发展的思想观念，把改革创新贯穿到部队建设各项工作各个环节。要牢固树立长期艰苦奋斗思想，带头弘扬艰苦朴素、艰苦创业的光荣传统，始终与基层官兵同甘共苦，坚决抵制铺张浪费、奢靡享乐之风，自觉反腐倡廉、拒腐防变，保持昂扬向上、奋发进取的精神状态，为推进军队建设科学发展、有效履行新的历史使命而不懈奋斗！

中共中央、国务院、中央军委关于加强新形势下国防教育工作的意见

（二○一一年四月十九日）

为适应经济社会发展和国家安全形势需要，深入贯彻党的十七大和十七届三中、四中、五中全会精神，全面落实国防教育法，大力弘扬爱国主义精神，增强全民国防观念，促进建设和巩固强大国防，现就加强新形势下国防教育工作提出如下意见。

一、充分认识加强新形势下国防教育工作的重要性紧迫性。

国防教育是建设和巩固国防的基础，是增强民族凝聚力、提高全民素质的重要途径。普及和加强全民国防教育，是中央始终高度重视的一个战略问题，对于凝聚全民族的意志和力量，加强国防和军队现代化建设，推进中国特色社会主义事业，实现中华民族伟大复兴，具有重要而深远的意义。

我国正处在发展的重要战略机遇期，国家安全形势

保持总体稳定，但国家安全问题的综合性、复杂性、多变性趋势不断增强。西方敌对势力加紧对我国实施西化分化战略，影响我国周边安全的不稳定、不确定因素明显增多；"台独"、"藏独"、"东突"势力的分裂破坏活动仍很猖獗，捍卫国家主权、安全和领土完整的任务十分艰巨；非传统安全威胁呈上升趋势，保持社会和谐稳定的压力增大；意识形态领域的安全也不容忽视。这些对维护国家主权、安全和发展利益提出了新的要求，迫切需要从战略和全局的高度加大全民国防教育力度，强化广大干部群众的国家安全意识和忧患意识，营造关心支持国防和军队建设的良好氛围，增强我国的国防实力和民族凝聚力。

近年来，各地按照中央要求，认真贯彻落实国防教育法，广泛开展全民国防教育，取得了明显成效。但也要看到，国防教育工作发展仍面临一些矛盾和问题：由于长期处于相对和平的环境，部分干部群众的麻痹思想有所滋长，国防观念和忧患意识有所淡化；一些地区国防教育普及程度不高，影响力、感染力、渗透力不强；国防教育在政策制度、运行机制和工作保障等方面与新形势新任务的要求还不相适应。为此，必须高度重视，采取有力措施，加强国防教育工作。

新形势下国防教育工作的总体要求是：高举中国特色社会主义伟大旗帜，以邓小平理论和"三个代表"重要思想为指导，深入贯彻落实科学发展观，着眼维护国家主权、安全和发展利益，坚持以国防教育法为依据，以弘扬爱国主义为核心，以领导干部、青少年学生和民兵、预备役人员为重点，贴近时代要求，丰富教育内容，创新方法手段，完善制度机制，推进全民普及，不断增强国防教育的主动性、针对性、实效性，为建设和巩固国防奠定坚实思想基础，为全面建设小康社会提供强大精神动力。

二、牢固树立与科学发展观要求相适应的国防观。

统筹经济建设和国防建设，是科学发展观蕴含的一个重大战略思想。加强新形势下国防教育，必须围绕时代主题和形势任务，着眼推进经济建设与国防建设协调发展，引导广大干部群众树立与科学发展观要求相适应的现代国防观念。

（一）树立维护国家主权、安全和发展利益的观念。紧密联系国际国内环境的发展变化，大力宣传中央关于国防建设的方针政策，加强马克思主义国防观、战争观和国家安全形势教育，引导干部群众深刻认识国家安全对于维护重要战略机遇期的极端重要性，密切关注国防和军事领域面临的挑战，强化机遇意识和忧患意识，增强维护国家主权、安全和发展利益的自觉性和坚定性。

（二）树立富国和强军相统一的观念。学习宣传贯彻统筹经济建设和国防建设的重要思想，加强党史、军史教育，搞好我国国防史特别是近现代国防史的宣传教育，引导干部群众深刻认识国富不等于国强、强国必须强军的道理，进一步发扬爱国拥军的光荣传统，在集中力量进行经济建设的同时，积极关心支持国防和军队建设，在推进全面建设小康社会进程中实现富国和强军的统一。

（三）树立军民融合式发展的观念。深入学习人民战争战略思想，宣传中央关于平战结合、军民结合、寓军于民的方针，引导干部群众深刻认识国防实力有赖于综合国力、战争的伟力蕴藏于民众之中，积极发挥社会资源的优势，推进经济、科技、教育、人才等领域的军民融合，走出一条中国特色军民融合式发展路子。

（四）树立依法履行国防义务的观念。广泛宣传宪法关于公民国防义务的内容，普及和深化国防法、兵役法、国防动员法、国防教育法、军事设施保护法等法律法规的宣传教育，引导干部群众深刻认识到关心、支持和投身国防建设是每个公民义不容辞的法律责任，增强依法履行国防义务的荣誉感和责任感。

三、突出抓好各级领导干部的国防教育。

各级领导干部担负着参与领导和关心支持国防建设的重要责任。要下大力气抓好领导干部的国防教育，进一步增强国防观念、加强国防素养，提高履行国防职责的能力。

（一）领导干部的国防教育要注重理论性、系统性和实践性。重点组织学习毛泽东军事思想、邓小平新时期军队建设思想、江泽民国防和军队建设思想，学习胡锦涛关于新形势下国防和军队建设重要论述，了解我国国防政策和军事战略。在省军区系统和武警部队兼任领导职务，在各级国防动员委员会、边海防委员会和双拥工作领导小组等机构担任职务的领导干部，还应当学习掌握新军事变革、多样化军事任务和军事高新技术等方面知识，提高参与组织指挥军事行动和支前保障的能力。

（二）采取脱产培训、在职自学与经常性学习实践活动相结合的办法，抓好领导干部的国防教育。各级党校、行政学院、干部学院和其他各类干部院校，要开设国防教育课程，把领导干部国防教育纳入教学和培训计划。国防大学要继续办好党政领导干部国防研究班、国防动员班，部分军队中级指挥院校要开办党政领导干部国防专题培训班。各地区各部门要把国防教育列入党委（党组）中心组理论学习计划，采取举办知识讲座、形势报告会和组织过军事日、参与军事演练等形式，对领导干部进行经常性国防教育。

（三）重视强化党政机关其他工作人员的国防观念。各级党政机关要结合理论学习和业务培训，对本单位工作人员进行国防教育。负责征兵、优抚、转业退伍军人安置、国防科研生产、国民经济动员、人民防空、国防交通、军事设施保护等工作的部门和单位，要加大国防教育力度，使本单位工作人员掌握履行职责所需的国防知识和技能。

四、大力推动社会各界普及国防教育。

国防教育是面向社会各界的全民性教育，要贯彻全民参与、长期坚持、讲求实效的方针，采取有力措施，抓好国防教育普及，不断扩大社会覆盖面。

（一）学校国防教育是全民国防教育的基础，要着眼培养社会主义事业的建设者、保卫者和接班人，坚持不懈地抓好青少年的国防教育。小学和初级中学要把国防教育列入教育教学计划，在活动课程、地方课程内安排国防教育内容，采取课堂教学和少年军校、军事夏令营等课外活动相结合的办法，使学生掌握基本国防知识。高等学校、高中阶段学校要按照有关规定，开设军事理论课程或讲座，认真组织学生军训，全面提高学生的国防素养。

（二）民兵、预备役人员肩负着建设祖国、保卫祖国的使命，必须把国防教育作为预备役部队和民兵思想政治教育的重要内容。坚持以基干民兵和编入预备役部队的人员为重点，利用组织整顿、军事训练和执行重大任务等时机，着重进行人民战争光荣传统、职能使命、战斗精神和国防法律法规等教育，增强他们参与、投身国防建设的使命感和责任感。

（三）企业事业单位是新时期国防后备力量建设的重点依托，要把国防教育列入职工教育计划，结合政治教育、文化建设、业务培训、体育活动等普及国防常识。承担国防科研生产、国防设施建设、国防交通保障等任务的单位，应当根据所担负的任务，有针对性地对职工进行国防教育。企业事业单位开展国防教育和履行国防职责情况，要纳入目标管理和经营承包责任制，上级主管部门每年要组织检查考评，促进工作落实。

（四）城乡基层组织要把国防教育纳入社会主义精神文明建设范畴，结合征兵宣传、拥军优属、军民共建以及重大节日、纪念日活动，采取多种形式对居民、村民进行国防教育。边疆民族地区要结合地域、历史和人文特点，加强对各族人民群众的国防教育，增强维护祖国统一、维护民族团结、维护社会稳定的责任感和自觉性。各地要把国防教育作为开展创建文明社区、文明村镇和"五好家庭"等评比活动的一项内容，推动国防教育进入千家万户。

（五）解放军和武警部队要按照中央有关规定，围绕大力培育"忠诚于党，热爱人民，报效国家，献身使命，崇尚荣誉"的当代革命军人核心价值观，广泛、深入、持续地抓好官兵的国防教育，牢固树立履行兵役义务、建功国防事业的思想，弘扬为国牺牲奉献精神，在全民国防教育中发挥表率作用。

五、积极改进和创新国防教育的方法手段。

适应经济社会发展新形势和人们精神文化生活新需求，拓宽教育渠道，把思想引导、舆论宣传、活动培养、军事实践、文艺熏陶、环境渲染等方法有机结合起来，不断增强国防教育的时代感和吸引力、感染力。

（一）充分发挥大众传媒的作用，加强国防教育普及宣传和舆论引导。各级各类媒体要把宣传国防和军队建设、普及国防知识作为一项重要任务。军队新闻媒体和地方军事类报刊，要发挥优势，加大国防教育宣传力度。注重运用互联网、手机等新兴媒体开展国防教育，有条件的地区和部门可开办国防教育网站或网页，积极拓展信息化条件下开展国防教育的方法途径。

（二）坚持以群众性活动为载体，吸引广大干部群众积极参与国防教育。各地区各部门要充分利用重大节日、纪念日等时机，组织开展读书演讲、知识竞赛、文艺演出、专题展览等丰富多彩、群众喜闻乐见的国防教育活动。精心组织全民国防教育日活动，突出主题，务求实效。

（三）依托爱国主义和国防教育场所，开展生动形象的国防教育。革命遗址、烈士陵园、国防园和其他具有国防教育功能的博物馆、纪念馆等场所，要坚持把社会效益放在首位，对有组织的国防教育活动实行优惠或者免费。国防教育基地应当对现役军人、残疾军人、军队离退休人员和有组织的在校学生免费开放，在全民国防教育日向社会免费开放。军队的军史馆、荣誉室等场所，在不影响军事保密的前提下，可接待地方有组织的参观学习。大中城市可依托现有公园，建设国防教育主题公园，使干部群众潜移默化地受到教育和启迪。

（四）采取多种形式，营造有利于开展国防教育的良好社会环境。利用阅报栏、宣传橱窗、电子屏幕等公共设施，青年民兵之家、文化大院、农家书屋、职工书屋等阵地，搞好国防知识普及。利用多种载体制作发布以国防教育为主题的公益广告，在城镇街道、乡村集市、公园广场、车站机场、港口码头等场所设立国防教育宣传标识。积极创作国防和军事题材的优秀文艺作品，扩大国防教育的社会影响。

（五）注重与爱国拥军实践有机结合，不断巩固和深化国防教育成果。利用兵员征集、预备役部队和民兵组织整顿等时机，切实抓好国防教育，引导适龄公民自觉履行兵役义务。在部队训练演习和执行重大任务期间，要搞好国防教育和拥军宣传，发动社会各界做好有关保障工作，为部队完成任务创造良好条件。创建双拥模范城（县）活动要把国防教育作为一项重要内容，教育引导广大干部群众热爱军队、尊重军人，以强烈的爱国拥军意识支持部队建设，落实各项优抚安置政策，在全社会形成关心国防、热爱国防、建设国防、保卫国防的良好局面。

六、努力为普及国防教育提供政策支持和相关保障。

全民国防教育是一项长期任务和系统工程，要完善有关政策法规，切实加强基本建设，搞好相关保障，保证国防教育工作规范运行、长远发展。

（一）完善国防教育政策法规，制定实施加强不同社会群体国防教育的政策性意见，研究新闻媒体宣传普及国防教育、部分军营向社会开放等实施办法。各地要结合实际，制定完善有关地方性法规制度并抓好落实，进一步推动国防教育法制化、规范化。

（二）按照国防特色鲜明、功能设施配套、机构制度健全、作用发挥明显的要求，抓好国防教育基地建设，不断提高质量水平。各级政府要加强对国防教育基地的规划、建设和管理，并给予必要的财力、物力支持。

（三）依托军地人才资源，采取专兼职结合的办法，加强国防教育的师资力量。各省（自治区、直辖市）要指定有关部门负责国防教育政策理论研究和宣讲辅导等工作。高等学校可根据军事理论教学和国防教育的需要配备专职教师，高级中学应当配备兼职军事教师。中央和地方有关部门要加强国防教育理论研究，组织编写适用于不同地区、不同类别教育对象的国防教育教材，为普及开展全民国防教育提供教材保障。

（四）各级政府要将开展国防教育的经费纳入财政保障范围，并根据当地经济社会发展水平逐步加大经费投入。党政机关、事业单位、社会团体开展国防教育的经费，在本单位预算经费内列支；企业开展国防教育的经费，在本单位职工教育经费中列支；学校开展国防教育活动和学生军训所需的经费，按照国家有关规定予以安排。提倡和鼓励社会组织、企业和个人捐赠资产，支持国防教育事业。

七、切实加强对国防教育工作的组织领导。

普及和加强国防教育是全党全社会的共同责任，必须加强领导，齐抓共管，科学组织，狠抓落实，努力形成党委政府重视、国防动员委员会组织协调、军地密切配合、社会各界支持、全民踊跃参与的良好局面。

（一）各级党委和政府要把国防教育纳入经济社会发展总体规划，各地国防动员委员会应将国防教育纳入国防动员范畴，列入议事日程，加强统一领导，持之以恒、常抓不懈。各有关部门要切实履行职责，齐心协力抓好落实。党委宣传部门要会同有关部门研究提出加强全民国防教育的规划措施，指导抓好国防教育宣传；组织、人力资源社会保障部门要会同有关部门抓好领导干部和机关工作人员的国防教育，加强对其国防素质的考察；教育行政部门要抓好学校国防教育，会同军队有关部门做好学生军训工作；文化、新闻出版、广播电影电视等部门要指导有关单位搞好国防和军事题材的文学、艺术、影视作品的创作、演出、刊播和出版发行；民政、司法行政、工商行政管理等部门要抓好各自职责范围内的国防教育工作；工会、共青团和妇联等人民团体要配合有关部门组织开展群众性国防教育活动。

（二）解放军、武警部队要积极支持和配合地方开展全民国防教育。解放军各总部和各大单位要指导所属部队配合地方开展国防教育，督促抓好工作落实。省军区（卫戍区、警备区）、军分区（警备区）、县（市、区）人民武装部，要协同同级地方党委、政府搞好全民国防教育的组织、协调、指导和有关保障，抓好民兵、预备役人员和转业退伍军人的国防教育。驻军部队、军事院校要积极支持和参与当地的国防教育，配合做好学生军训工作，帮助提供必要的人才、场地、物资器材等保障。

（三）各级国防教育领导和工作机构要认真履行组织、协调和指导国防教育工作的职责，充分发挥职能作用。县级以上国防教育办公室要健全工作制度，配备专职工作人员，实行军地合署办公。乡镇、街道、社区等基层组织以及各级各类学校，要指定专人负责国防教育工作。重视抓好国防教育工作队伍建设，通过院校培训、短期集训、岗位锻炼等途径，提高指导和开展国防教育工作的能力。

（四）各级国防教育办公室要会同同级党委、政府有关部门，对本地区开展国防教育情况适时组织检查和考评，发现和解决问题。将国防教育检查和考评情况列入经济社会发展综合评价体系、双拥模范城（县）考评标准，纳入党政机关目标绩效管理考评体系。注重发挥各级人大、政协的作用，加强对落实国防教育法情况的监督检查。

（五）各地区各部门要大力培养和宣传国防教育的先进典型，调动社会各界参与国防教育事业、关心支持国防和军队建设的积极性、主动性。对在国防教育工作中成绩突出、作出重要贡献的单位和个人，要按照国家有关规定给予表彰奖励，推动国防教育工作深入开展。

图书在版编目（CIP）数据

中国共产党军事工作重要文献选编. 第二卷／中共
中央党史和文献研究院，中国人民解放军军事科学院编.
—北京：中央文献出版社：解放军出版社，2023.7
ISBN 978-7-5073-4958-0

Ⅰ.①中…　Ⅱ.①中…　②中…　Ⅲ.①中国共产党-
军事-工作-文献-汇编　Ⅳ.①E297

中国国家版本馆 CIP 数据核字（2023）第 137017 号

中国共产党军事工作重要文献选编

ZHONGGUO GONGCHANDANG JUNSHI GONGZUO ZHONGYAO WENXIAN XUANBIAN

第 二 卷

中共中央党史和文献研究院
中国人民解放军军事科学院　编

中央文献出版社
解放军出版社　出版

http://www.zywxpress.com

北京市西城区前毛家湾 1 号　邮编：100017
电话：010-83089394／83072509／83089319／83089404／83089317
北京市西城区地安门西大街 40 号　邮编：100035
电话：010-66531659／66531670／66736698
河北鹏润印刷有限公司印刷

787 毫米×1092 毫米　16 开本　20.5 印张　187 千字
2023 年 7 月第 1 版　2023 年 7 月第 2 次印刷

ISBN 978-7-5073-4958-0　　定价：45.00 元